學測 **新制** 國寫哪有那麼難

思辨式寫作
12招全破解

知性題
&
情意題

葉思、鄧名敦 ——————— 著

目錄

【知性模擬題】

學測國寫真的沒有那麼難，
當你遇見這本書之後

張曼娟

大學教授／張曼娟小學堂創辦人

107 年開始的大學學科能力測驗，在教學現場與學生和家長之間，投下了一枚威力強大的震撼彈。主要是國文科非選擇題變為獨立施測，稱為「國寫」，也就是「國語文寫作能力測驗」。測驗時間為 90 分鐘，共有「知性題」與「情意題」兩種，並各有一短文、一長文必須書寫，也就是考生得在 90 分鐘以內，寫出四篇文章。更困難的部分應該是看懂題目，尤其知性題是「跨學系」的，等於沒有範圍。題目不僅是文字敘述，還有圖表呈現。

這樣的思維邏輯，遠遠超越了家長當年應考的命題方式，對於教學現場的老師來說，也是嚴峻挑戰。

經過了一年多的混亂與摸索，很高興看見了專門針對國寫的書《思辨式寫作》出版了，彷彿是一道光亮，又像是一條路徑，為學生、教師與家長指出方向。從看懂題目到解題、思考、統合、完整論述或情意書寫，深入淺出，手把手的解析與操作，讓學生更能理清思路，鍛鍊寫作能力。

創作者之一鄧名敦老師，在「張曼娟小學堂」少年班執教已經十餘年，他的教案與教法不斷創新，每週講述一本能啟發青少年的書，像是《車諾比的悲鳴》、《最後一個地球人》、《製作路易十四》、《Bob Dylan 自傳》等等，並從中找出辨證思考的議題，讓學生討論之後寫作。可以明顯觀察到青少年的心靈被大幅開展，對人、事、物有了更多關心和同理。因此，由名敦老師負責本書中的知性題引導，真是不作第二人想。而葉思老師以豐沛的教學經驗，負責情意題的引導，雙劍合璧，實為黃金組合。

學測國寫真的沒有那麼難，當你遇見這本書之後。

善用本書的思考工具，
暢通你的寫作思路

莊智鈞

臺北市立大同高級中學校長

在高中的教育現場，學測國寫測驗每每令同學聞風喪膽。不論是知性題或情意題，大多數學子，雖不至停杯投箸不能食，但往往還是拔筆四顧心茫然。面對這樣的困境，葉思老師提了一盞燈，言笑晏晏、輕鬆幽默引領同學，走出八荒九垓層層迷霧中。

這本《思辨式寫作》，包含了國寫的知性、情意二大部分，清楚且循序臚列思考步驟、範例寫作、技巧鋪陳等；不僅有各式知性圖表解讀，更詳細爬梳思維地圖脈絡，剖析題幹，讓同學扼要掌握題意要旨。且每篇均有寫作示範及名言佳句為輔，提供同學極其方便的相關寫作資料，一書在手，過關斬將，勝券在握。

本校每年均會為大考戰士們安排國寫衝刺講座，多次邀請葉思老師擔任講師。葉老師的課程在晚上，卻依然場場爆滿，座無虛席，不時傳出歡笑聲，其受同學喜愛程度可見一斑。很高興葉老師傾囊相授，也願意把一身功力化為利器，陪伴學子上戰場。因而我真心推薦這本書，可以用來在國寫測驗時披荊斬棘，思路順暢。

也祝福同學們，善用工具，則行路不難，長風破浪會有時，直掛雲帆濟滄海！

升大學前的必修課，
鍛鍊你的思辨力、推論力！

廖學盈

法國高等研究院（EPHE）語文科學博士／

現任法國波爾多蒙田大學（Université Bordeaux Montaigne）

漢學系暨漢學研究所講師

在中文的語境下，「寫作」的觀念與「文學」的觀念密不可分。而我們所熟習的經典文學，不但強調個人感受和志向的抒發，手法上更是推崇隱約含蓄，時不時還要背負倫理決斷的責任。學生提起筆，想起自己養不起天地正氣就算了，法古今完人的國學潛台詞，更是逼著人非得找一個古人來愛不可。但若要學生視文藝為己任，一出手就文采翩翩，巧思婉轉如行雲流水，未免強人所難，以致於寫作的時候，文法、修辭、章句、結構都學了，眼下的題目，卻是怎麼寫都和現實格格不入，言不由衷。

事實上，學測國語文寫作能力測驗的「寫作」一詞，並不如我們所想的抽象。這裡的「寫作」，其實指的是思考和論述的能力。既然是測驗，就有給分的評量表；有給分的評量表，就能依照評量標準和要求，事先進行訓練。學測所要評量的對象，是未來準備進入大學的學生。也就是說，透過寫作能力測驗，我們想知道，哪些學生「知識輸入（理解）」和「知識輸出（表達）」的效率，能夠符合高等教育各科專業訓練的基本需求。因此，從這個角度來看，我們很快就明白，寫作反映的是「組織推論（argumentation）」的能力，也因此必然是圍繞一個「問題核心（problématique）」（即一個需要研究和探討的議題），所發展出來的「引言」、「申論」和「結論」。修辭或章法只是實現「理解和表達」的工具；含蓄或直白也只是一種「性情」的展露，歸屬更高層次的文藝美學。而基於社會對於個體的尊重，我們理不應對學生的性情進行品級分類，學生也無需執著追求某種文化期待的更高境界。

本書強調的思辨，正是一種「理解和表達」的行動，與法國高中畢業會考（BAC）作文科的測驗宗旨不謀而合。透過觀察，我們檢視題材的思路、論據和例證；透過提問，我們釐清題材的各個層面：消極、積極或是矛盾；透過立場的選擇，我們將原本東分西離的觀點分類、比較、排序；最後，我們歸納出一個核心思想，為這個核心思想的客觀、普遍和傳播，進行解釋、辯護與溝通。這一系列的進程，展現了一個人對「知識」和對「社會」的自我問責，也正是大學建置的意義。學生若能掌握本書的中心思想，也就具備了順利完成大學所需的基本素質，能夠與國際高等教育規範接軌。

從閱讀到書寫，從思辨到抒情

吳翊良

國立臺灣師範大學共同教育委員會‧國文教育組助理教授／

《學校沒有教的作文課──學測寫作如何拿高分》作者

來自巴基斯坦的少女馬拉拉（Malala Yoursafzai），這位榮獲 2014 年諾貝爾和平獎的最年輕得主，她曾如此說道：「一個孩子，一個老師，一本書，一支筆可以改變世界。」寫作，可以啟蒙孩子的身心，透過師長的引導，多方涉獵文學經典，進而書寫，可以改變世界。寫作呼應著我們的生活，記錄點點滴滴的相關事件與微物記憶，建構出自我與世界的互動。那麼，如何「寫出自我」？如何於筆尖上摩娑出內心的感觸與體悟？將是我們關切的議題。

葉思、鄧名敦的這本寫作書，具體地呈現了從閱讀到書寫，從思辨到抒情的歷程軌跡。

本書概分兩個面向：知性與情意。依照學生的程度，循序漸進的引導與教學，由淺到深，由簡到繁，由易到難，融合東西，貫通古今，串聯書寫與閱讀。比方說，在討論人類「同情共感」的氛圍，書中即採用了跨文本的比較──從李煜的〈相見歡〉到泰戈爾的〈離愁〉（Sorrow of Separation）──來分析不同時代、文類、視域所呈現出的「情感」，試圖討論文化的匯聚融合與人類的情感共鳴。

本書的具體特色，可以細分幾個要點，如下：

1.系統化

書中各章節在提出議題討論後，以引導→提問→架構→示範→鑑賞→實作的 SOP 流程，讓學生可以實際操作此模組，反覆熟練，架構出新思維、有創意的文章。

2.脈絡化

書中還強調「文章架構」的脈絡化以及你提出的論點背後，是否有足夠的「理由」、「證據」、「客觀因素」說服讀者？在這樣有組織嚴謹的脈絡分析下，梳理出思考的連續性推論以及對於自己觀點的反覆檢測，從而完成了「以萬用的論述架構解答開放式題目」的書寫策略。

3.生活化

當然，本書的取材方面也非常貼近生活，例如書中提到的愛情、失戀、選擇遺忘過去的按鈕等，都貼近青春啟蒙的成長少年，在閱讀與思考上，能啟迪讀者對於「抽象情感」的「客觀分析」，是終生受用且帶得走的一輩子能力。

4.情境化

「情境」其實可以分成兩個部分來解析：「情」是作者的情感與讀者的情感，「境」是作者身處的環境背景與讀者的環境背景。「情境化」也就是讀者用自己的主觀角度去感受對方的想法，設想他者的情感與立場，進而設身處地，能夠通透地理解到對方的心意，也即是「同理心」的展現。本書反覆致意此概念，將「情境化」做了跨越古今、融合東西方、穿越不同文本的「同情共感」之情境展演。

5.審美化

當代的審美，已然走向跨領域的「影像思考」，靜態的文字閱讀如何與科技的多媒體結合？成為一項新的審美典範？我們看到了書中的 QR Code，以推薦書籍的方式再結合影像的立體閱讀，讓讀者耳目一新。

學會運用文字的理性與感性，來統整歸納思辨邏輯與抒發情意感受，將成為現代化下臺灣面對全世界的國際視野與在地關懷的養份。「寫作」能力的養成，不僅限於考試，更在於面對未來世界的語言環境與人際溝通的互動往返，其重要性，可見一斑。緣此，本書中強調的「核心素養」能力，就是希望透過閱讀與寫作鍛鍊從思辨到抒情的精神，讓學生能適性發展、找到自我、寫出心聲，進而從

中了解「文學之為用」——文學並非打高空，不切實際的文人幻想，透過實際體會與練習「讀寫」的功能與重要，發現「文學」在生活中無所不在的真理與奧義。

　　本書以系統化、脈絡化、生活化、情境化、審美化為主軸，環繞著思辨與討論、抒情與感受、知性與情意，都讓寫作格局開出了新高度、新視野、新未來。在面對科技洪流來臨的數位時代，這一本勇於突破的寫作書，值得高度重視。

　　是為序。

給你一把思考的鑰匙，
打開「國寫」這道大門！

　　歡迎你打開這本書！這是一本是針對學測「國語文寫作能力測驗」一科設計的引導書。

　　自 107 年起，「國寫」新制推出以來，題目展現出取材多元、注重思考深度的精神，過往強調文章結構、修辭技巧的學習方向，已經不足以支撐強調解讀、分析、歸納、推論等新式考題。許多考生在面臨考題時不但感到腸思枯竭，甚至連題意都無法理解。

　　這本書的推出，就是希望幫助讀者解決這個問題。我們將以 12 種與日常生活相關的「概念」為題，從不同的角度切入解析，刺激你的多元思考，並藉由明確的思維步驟降低思考難度。更重要地，當你走入了這 12 種概念的深處，你就會發現這樣的深度將能讓你在遇到類似概念時，舉一反三、觸類旁通。

　　過去你可能只知道如何搭建一篇文章的架構，卻不知道如何寫出深度的內容。這本書最大的不同，就是要給你一把思考的鑰匙，打開「國寫」這道大門。

誰適合閱讀這本書？

　　如果下列描述有任何一項符合你的狀況，這本書就是為你寫的。

❶ 想知道國寫到底在考什麼？（寫的時候會碰到哪些困難？怎麼破解？）

❷ 想知道怎麼寫才能拿高分？（本書提供眾多範例，也會提醒你哪些破題方向更易得分！）

❸ 需要國寫的教學素材。（這本就是最全面的教材，你可以依照本書詳解中的思考步驟，一步一步領導學生破解題目！）

本書架構介紹

　　「思辨」是本書主要採取的書寫角度，囿於有限篇幅，本書雖有提及修辭、結構等技巧，但不是主要的內容。我們如此安排，是因為欲採取與市面寫作書合作的態度，希望能提供另外一種「思辨」的引導角度。

　　本書的每個單元均標舉一「概念」作為核心，「以概念為綱」的目的是，希望讀者能夠從一個概念展開不同的思考角度。這樣的好處是，未來在碰到類似概念的考題時，就可以運用相關知識、脈絡進行回答。

　　本書共包含知性、情意各6個概念，命題由淺至深逐一安排，概念一最簡單，往後依次提升問題難度。

　　此外，各個概念我們都採用了以下的順序一一解題：

1.迅速組織文章

　　本書在各概念起首安排了「迅速組織文章」的篇章，讀者閱讀完這部分，就可以快速掌握答題脈絡。這個篇章主要用於想讀題後直接作答的狀況，讀者可以讀完這部分的解題關鍵提示後，就開始寫作。

2.思維地圖

　　接著，每道題目都提供了解題的思考順序，並繪製成「思維地圖」，讀者可以按照我們的答題思路寫出一篇文章，但本書的思考路徑絕非唯一，讀者應找到自己的解題思路。

　　思維地圖的另一個功能，是當讀者不小心迷失於文句中，可以隨時翻看思維地圖重新定位自己的思路。

3.範例

　　各題短文均提供幾個範例，有負面示範，也有佳作示範，並加以評論，方便讀者比對回答，並了解如何精確答題。為了讓讀者更清楚範文好壞，我們以「待加強」、「中等」、「中上」、「佳作」等四個評分等級標注範文的優劣。各題長文則提供佳作一篇，並加以賞析，使讀者有學習的對象。

4.詳細解析

在基礎結構搭建完畢後，詳解將提供讀者從構思、製作大綱、找尋隱藏訊息等細緻內容，讓讀者能透過本書的步驟流暢地完成寫作。同時，不論是知性題或情意題，我們都盡可能引用著名理論，讀者應掌握這些理論，以備將之運用在各種不同的考題中。

這本書的多種使用方法

1.精讀用

我們建議你一次練習一個概念，首先，題目若有圖表，請你先讀圖表，再讀題目，讀完題目請停一停，簡單思索一下你會怎麼寫。

再來，請你閱讀思維地圖，核對一下你的想法和我們的想法有沒有不同。不同不代表不對，你的想法有可能比我們好。

第三，請你閱讀解析中的每個思考步驟，我們建議你遇到每個步驟時都先想過，再閱讀我們的解析。

最後，請實際演練，嘗試在 45 分鐘內寫作完畢一個概念。

2.當模擬考題用

建議一次完成兩個概念，知性、情意各一，讀題後就開始作答。

如果你覺得只讀題目寫不出來，每個題目後，都有「迅速組織文章」的提示，你可以直接翻開這個部分閱讀，讀完後就開始作答。寫作以 90 分鐘為限，必須包含閱讀題目所花費的時間。

3.教學用

如果你剛開始從事寫作教學，你可以使用本書的題目作為範例，並依照本書的解析逐步引領學生。

若你的寫作教學經驗超過 5 年，建議你在閱讀題目後自行設計一套思維地圖，並設計引導學生思考的問題與解析，以此作為教學的內容更能得心應手。

不論是哪一種教學使用法，我們想提醒你，本書的「思維地圖」是很重要的內容，你可以藉此做提綱挈領式的引導，讓學生面對題目時能快速上手。

4.家長用

我們了解家長面對升學改制的焦慮，我們建議家長可以先閱讀本書〈國寫，該如何準備？〉（詳見 p.15）一文，快速了解國寫的制度與內容。

接著，我們希望能為你和孩子建立互動討論的機會，本書每個概念都附上參考書籍與網路影音，你可以直接掃描我們為你準備的 QR Code，看完後和孩子一起討論心得，彼此成長。

如果家長還想更進一步使用本書，我們建議你跳過題目，直接閱讀我們在解析中所引述的理論，這些理論都不是太複雜的內容，或許你可以藉此獲得一些新的知識。

「思考」是寫作的核心，國寫要測驗的正是考生的思考邏輯與判題視角。本書由「思辨」入手，希望能提供讀者建立核心思考的能力，並在考場上游刃有餘地寫出清晰邏輯與獨有情感。

葉思、鄧名敦

國寫，該如何準備？

一、國寫，在考什麼？

　　107 年開始，大學學科能力測驗正式進入新時代！國文科非選擇題改為獨立施測，稱為「國語文寫作能力測驗」，簡稱「國寫」。108 年起，測驗時間正式定為 90 分鐘，分為兩個大題。第一大題為知性題，第二大題為情意題，兩大題內各有兩小題，對大多數考生而言，在時間內完成有相當的難度。

1.測驗精神

　　過去「中文寫作」測驗的內容，大多偏重書寫個人的主體經驗，文學性質濃厚。國寫的推出，最大特色就是納入其他領域的概念，例如：數學、科學，突破過去試題僅限定於文學範疇的缺點，使測驗的面向更臻完備。

　　根據大考中心公布的考試說明，國寫「係針對跨學系的語文表達能力需求而設計，期望考生透過可以感受、應加體察的經驗及素材，經由命題者的適度引導，能自然而充分地運用其語文表達能力。」並提出三項命題理念❶：

❶ 注重人文與自然、理性與感性、原理與實用、傳統與現代的結合。
❷ 貼近生活經驗，切合社會脈動。
❸ 強化分析理解，促進多元思考。

　　由此可知，**跨領域、跨古今、重理解**，就是國寫最核心的測驗精神。

---

❶　大學入學考試中心：〈107 年學測國文（含國寫）考試說明定稿〉，頁 2-1。

2.國寫考題形式分析

　　國寫獨立施測後，試題大致都脫離了「單純直述命題」的形式（例如 105 年學測「我看歪腰郵筒」的命題），而更著重於脈絡化引導形成問題，讓考生可以藉由自己的分析、解釋、統整、歸納、描述形成寫作的方向與素材（例如 108 年學測藉由學生喝含糖飲料的調查，追問考生是否贊成校園禁止含糖飲料）。

　　而國寫新制上路後，考題形式大致有以下幾項：

a. 圖表題

　　圖表的比重在近年大幅提高，尤其 107、108 年的學測國寫題均出現長條圖。

　　寫作圖表分析時，除了要能描述、分析圖表的現象外，更需進一步解讀其中隱藏的訊息。本書知性篇的六個概念分別準備了不同的圖表：長條圖、折線圖、圓餅圖、表格、樹狀圖、循環圖，帶你一同了解如何找到這些圖表中隱藏的答題線索。

b. 純文字題

　　以文字作為引導是最經典的考法，考題主要有以下幾種變化。

　　單一文章：107 年國寫情意試題單引楊牧〈夭〉詩作，要求分析其中的脈絡。這就是最為經典的考法，通常是要求考生分析或解釋「文章的脈絡與意義」或說明「文章的核心精神」。答題時，只要擷取關鍵字，就能完整回答。本書情意篇的第一至第四個概念會示範如何解答這類題目。

　　數段短篇文章：羅列數段文章的考法有幾種，可能是找相同的主旨，也可能是就看似相近的文章找到關鍵的不同之處（例如 108 年國寫情意試題分別以《南史・隱逸・陶潛傳》、蕭麗紅《千江有水千江月》改寫片段要求考生說明其共同精神）。還有一種考法，就是以一段引文解釋另外一段引文，要求考生說明如此解釋的理由，本書情意篇的第五、第六個概念會示範如何解答這類題目。

c. 圖像題

　　圖像考題較為少見，但並非未曾出現。例如 104 年學測國文非選擇題就曾改

繪過網路插畫家 Duncan 的作品要求考生進行想像❷，107 年研究用試卷知性題亦以一張漫畫作為引導，要求考生解讀其中寓意。❸

考題若提供的是單一圖像，一般會問的是其中的寓意；若是多張圖像，一般都會有相關性，可能是依據圖像的順序脈絡寫出可能的發展，也可能是找出相同或相異處並解釋其中的意義。

二、考前準備建議

在了解國寫在考什麼後，接下來我們就要了解面對這樣的考題要如何準備。

「背誦名言佳句」、「鞏固起承轉合」就能高分的時代已經過去，國寫著重的是對於材料的統整判斷與情感抒發能力。總之，國寫的實力必須日漸養成，速成的機率已趨近於零。

那麼，我們該怎麼鍛鍊寫作實力呢？

1.養成「問問題」的習慣

當然，上課舉手發問是好事，下課追著老師問問題也是好事，但這裡說的「問問題」不止於此，更是指培養內在的「問題意識」。

最簡單的入門方法，就是透過一連串的問題問自己，並且嘗試回答。以下幾個問題絕對不是唯一的自我提問法，但你絕對可以從這些問題開始嘗試！

a. 發生什麼事？事情的前因後果是什麼？

b. 別人怎麼處理？我贊成這種做法嗎？

c. 我贊成或反對的理由是什麼？

d. 跟我意見不同的人，他們的理由又是什麼？

e. 我們的意見有沒有可以並行的地方？

---

❷ 見 104 年學測國文科試題。

❸ 見大學入學考試中心：〈107 年國語文寫作測驗研究用試卷（二）〉。

f. 有了以上理解後，我會改變我的立場嗎？

g. 我會怎麼做？

107 ～ 108 年的國寫考題，主題都與生活相關，請想一想，我們是不是運用上面幾個步驟就可以找到自己的思路了呢？

當你習慣性的發問並尋找答案，你的思考會日益深化，這樣的改變不會只展現在單一議題中，而是在多項議題中你都能問對問題，進行更深層次的思考，這就是「素養教育」的精神。

2.訓練自己更精準地回答問題

精確、簡練的用詞與連貫、具邏輯的文句，是拿分的重要關鍵。特別是在短文寫作中，任何不必要的繁冗文字都有可能拖累自己的敘述。此外，「浮泛」的文句是最容易犯的錯誤，這類文句看起來正確，但是其實沒回答到重點。寫作要精確，重點在抓住一個句子的主詞、動詞、受詞，並盡可能摒除修飾性詞語。於本書的短文佳作中，你都可以發現這樣的特色。

除了每個概念的示範之外，本書在知性概念五的解說中，為你準備了邏輯化的論述方式（參考 p.91 ～ 93），以及將自己的內心看法完美轉化為文字的方法，你可以先行參看。

3.多元閱讀、平時就要吸收跨學科的知識

許多人對國寫有許多疑慮，其中之一便是考題多元、跨學科取材，我們要是不懂怎麼辦？這問題其實不難回答，因為國寫要測驗的並非知識，而是對於知識的理解力，也就是分析、歸納、統整、描述、解釋的能力。

這麼說來，我們是不是就不需要知識了？不是的，知識能夠讓文章更有深度。因此，平日多元閱讀仍然是重要的。

多元閱讀還能幫助我們串聯不同領域的知識，舉例來說，我們國中時就已經學過馬斯洛的需求理論，但你可曾想過這套理論可以運用在許多不同的題目中書寫嗎？本書情意概念二就為你示範了這樣的做法（參考 p.150），你可以提前參看。

4.多檢視自己的文章

多練習是好事，但若只是毫無目標地練習新題、考古題，這樣是沒有意義的。我們應該多回頭檢視自己的文章，比對自己和他人的寫法，除了削去不必要的文字外，我們也要思考有沒有別種句型可以讓表達更精鍊。

5.先有深刻思考，再學邏輯論述，最後才是訓練文學技巧

首先，我們要對寫作題目有深刻的反思與體會。思考深度決定了文章的格局，而修辭、成語、名言這些技巧則僅具有錦上添花的作用。

第二，有了深刻思考後，我們應該鍛鍊自己文句間的連貫與邏輯性。在考前，我們就要訓練自己能夠流暢書寫各種關係複句，也就是因果、並列、條件、轉折、承接、選擇、假設、遞進等複句形式。

最後，有了流暢論述的能力後，我們就可以在寫作中加入更複雜的文學技巧，即吸引讀者進入你論點或情感的進階手法。這包括了如何布置懸疑、如何修辭以加強文章氣勢、鍛鍊文辭以增加美感等，市面上有很多這類談書寫技巧的書籍，可以與本書交互參考。

由大考中心所公布的佳作看來，即使你不以華美詞藻見長，只要能夠有深度的思考，文章依然能夠獲得閱卷委員的認可。因此，在準備國寫時，你可以先拓展你的見聞，行有餘力，再多學習一些修辭技巧，內外兼修，自然多了一項得分武器。

最後，國寫更強調的是思辨的深度與廣度，我們必須先鞏固此一核心，再向外鍛鍊寫作的技巧，寫出一篇好文章便不再是難事了！

了解這些原則後，下一篇〈考場應試戰略〉我們為你整理了答題的注意事項，請你務必要掌握！

考場應試戰略

　　在正文開始之前，我們先討論考場上要注意的事項。考場指的當然是學測，但是在平常的模擬考，我們就應該開始練習。

一、書寫前準備

　　國寫採電腦閱卷，因此，作答務必使用筆尖較粗之黑色墨水筆書寫（建議使用筆尖粗約 0.5mm～0.7mm 之黑色原子筆），不得使用鉛筆，並力求字跡清晰，字體在稿紙格內應盡量放大，每格八分滿的大小是最適讀的。平日若習慣寫小字，則應該開始練習放大字體，閱卷委員年紀都比我們大，請多多體諒！

　　為了避免意外，建議帶至少兩支（三支最妥當）同款黑筆，避免斷水、掉筆導致的書寫問題，也盡量要求自己全篇的墨跡一致。此外，我們也應該備妥修正用品，建議用較寬的修正帶，可以刷一次就修正一個字，節省時間。如果在考場上發現沒帶修正用品，就請大膽在寫錯的格子上畫叉，於其後接續書寫。

二、格式要求

　　國寫採「分題閱卷」，所以兩個大題要寫在不同面，第一題（知性題）要寫在第一面，第二題（情意題）要寫在第二面，絕不可寫錯。完全寫錯的案例比較少，但把第二題接在第一題完畢之後書寫的情況倒是有的。答案卷的最右方都有提示，兩題請務必分開書寫。

　　分段時，每段開頭請空兩格書寫。每段的句子標點符號大多占一格，刪節號（……）、破折號（──）各占兩格。

三、篇幅控制

除了情意題的長文外,其餘三小題均有篇幅限制,建議將字數控制在不少於規定字數 10 字、不超過 40 字為原則。這樣在行數上看起來,最少比規定行數少一行,最多不超過兩行,是在考場上可以接受的篇幅。

四、時間控制

考試時間共 90 分鐘,一題應該分配多長的時間?

理論上是 45 分鐘,但由於引文較長,我們需要時間閱讀、畫記重點、分析,同時也需要為長篇寫作製作大綱,建議以每題 40 分鐘作為分配較為妥當。

至於各題的時間分配,端看每個人不同的寫字速度而定。如果我們寫一行只需要 1 分鐘,那麼完成知性題共 23 行的標準要求,大約就是 23 分鐘,再加上 5 分鐘閱讀、2 分鐘製作大綱,那麼時間便只要 30 分鐘,綽綽有餘。不過這是理想狀態,多數考生習慣邊寫邊想,難免會耽誤一些時間,沒有辦法那麼快完成。

本書建議的答題時間,是完成的時間上限,每個階段建議不要超過這個時間完成:

1.知性題:共42分鐘

讀題、判斷 5 分鐘	短文書寫 5 分鐘	長文大綱 2 分鐘	長文書寫 30 分鐘

2.情意題:共45分鐘

讀題、判斷 5 分鐘	短文書寫 8 分鐘	長文大綱 2 分鐘	長文書寫 30 分鐘

3.總檢查、修正:3分鐘

五、展現符合題目要求的書寫風格

知性題與情意題，在書寫風格上有不同的要求。

從 107、108 年的國寫試題來看，除了情意題的長篇寫作之外，其他題目都需要理性分析，在處理這種理性文字時，務必要求書寫的內容明確、清晰，不能以隱晦、委婉的方式呈現，尤其忌諱情感抒發，更別提美化情感的修辭手法。「直書要點」是分析類試題重要的下筆方式。

至於情意題的長篇寫作，則是以情感決戰的場域，內心的感受需要多用修辭或具體行為的描寫呈現，純敘述的文字應考慮壓低比例，才能更適當地達成情意題的要求。

六、答題必須有根據

最後我們要注意，答題時，必須根據題目提供的圖表或文字進行解釋。即使題幹要求我們推測未知的可能，都必須要根據題目素材加以推衍，不能只是憑空想像。

有些人誤以為在考場上有「筆墨分數」，只要在稿紙上盡量多寫一些，多少能爭取一些分數。這樣的想法是錯誤的，國寫的回答往往非黑即白，雖然沒有標準答案，但若回答得不到位、內容偏離主題或是將一個概念循環反覆說明，都無法取得高分。我們必須正確地解讀引文材料，並且精鍊回答，才能切實得分。

以上提醒的應試戰略，不只能在考場上使用，更應該在事前充分演練，因為上考場就必須與時間賽跑。掌握時間、了解自己書寫的速度非常重要，這在平時的模擬考與練習中就應多加記錄、觀察，真正考試時才能發揮最佳的實力！

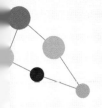

創新與傳統

（長條圖分析）

難易度／★☆☆☆☆☆

　　時代浪潮不斷更迭，各種創新逐漸由想法落實到具體的生活，改變每個人的食衣住行。然而，在追求創新的過程中，也有一批人堅守傳統價值，默默地在不起眼的角落裡延續舊有文化的生命。

　　「創新」與「傳統」必然彼此競爭嗎？還是兩者能夠激盪出燦爛的火花呢？這一單元，我們將學習如何建立寫作觀點，並試著申論「創新」與「傳統」的個別優勢、探尋融合兩者的書寫可能。

1
創新與傳統

長條圖：從消長中找趨勢。

2
高齡化社會

折線圖：比較增幅差異，從共同趨勢中，

3
死因統計

圓餅圖：整體占比。統計各分量的

　　依文化部逐年統計，文化創意產業近年蓬勃發展，吸引各方青年才俊投入。文創產業性質特殊，兼具了製造業與服務業的特性，可以行業分為運動休閒、設計、出版、廣告、傳播、影音、創作與藝術表演業等類別。

　　以下為 2018 年文化部所公布之文創產業家數與營業額之發展概況。❶

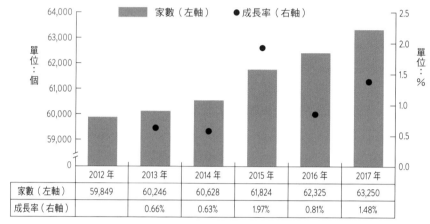

	2012 年	2013 年	2014 年	2015 年	2016 年	2017 年
家數（左軸）	59,849	60,246	60,628	61,824	62,325	63,250
成長率（右軸）		0.66%	0.63%	1.97%	0.81%	1.48%

圖 1、2012 ～ 2017 年臺灣文化創意產業家數概況

❶　圖表取自文化部《2018 年臺灣文化創意產業發展年報》並重製。

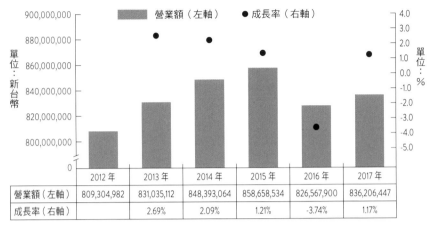

	2012 年	2013 年	2014 年	2015 年	2016 年	2017 年
營業額（左軸）	809,304,982	831,035,112	848,393,064	858,658,534	826,567,900	836,206,447
成長率（右軸）		2.69%	2.09%	1.21%	-3.74%	1.17%

圖 2、2012 ～ 2017 年臺灣文化創意產業營業額概況

閱讀上列兩圖，請分項回答以下問題。

問題（一）：請根據以上二圖，描述 2012 ～ 2017 年臺灣文創產業的發展狀態。文長限 80 字以內（至多 4 行）。（占 4 分）

問題（二）：投入文創市場的就業人數逐年增加，說明了消費者對於文化創新有一定的需求。然而，在目前全球文創產業正積極轉型與升級的同時，卻也看見傳統職人的市場不堪競爭、大量被剝奪。在「維持傳統文化」與「不斷追求創新」中，該如何選擇？抑或有何融合之道？請寫下你的看法，文長限 400 字以內（至多 19 行）。（占 21 分）

問題（一）

迅速組織文章

解題關鍵 我們必須先釐清兩張圖中家數與營業額各自發展的「趨勢」和「變化」，再進一步比對兩者，找出家數與營業額之間的關係。

a. 思維地圖

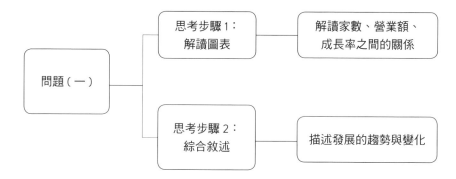

b. 篇幅結構搭建

答題時，我們應先分別敘述兩張圖片各自的「發展趨勢」，並特別點出發生「變化」的年段及數值，凸顯轉折。最後綜合兩者，說明「家數」與「營業額」相互影響的結果。

寫作示範

範例一

2012 至 2017 年，文創產業的家數增加，但是營業額不斷衰減。這表示文創產業的發展遇到了瓶頸。（41 字） 待加強

評語：本文的描述不夠精準，「營業額不斷衰減」究竟指的是營業總額？還是營業額成長率？無論何者，文中的敘述似乎都無法確切反應真實情況，更沒有表現出「變化」的部分。

範例二

文創產業自 2012 年起，家數持續增加，成長率微幅上漲，但營業額的成長率卻不斷下滑，甚至在 2016 年呈現負成長。（49 字） 中上

評語：本文清楚描述家數和營業額各自的趨勢和重要變化，已然大致掌握答題的所需內容。但是，兩者之間呈現什麼相互影響的關係尚待進一步說明，答題才會更加完整。

範例三

文創產業在 2012 至 2017 年的家數成長率微幅成長，但營業額成長率在 2012 至 2016 逐年下滑，2016 年甚至呈負成長率 -3.74%，直至 2017 年才又回升。這顯示商家雖開得多，但營業額並未隨之逐年成長。（79 字） 佳作

評語：本文的描述確能掌握重點，使家數與營業額各自的發展趨勢一

目瞭然，甚至在提及重大變化的 2016 年還加上數據，凸顯發展的轉折點。文末總結兩者發展，得出「家數」與「營業額」的成長不成正比的結果，答題精簡扼要。

問題（一）
詳解

思考步驟 1　解讀圖表

我們要如何解讀兩個圖表各自的訊息呢？

兩張圖分別從不同角度剖析文創產業的發展：一是「家數與成長率」，二是「營業額與成長率」。解讀時，除了把握各自數值的升降變化外，還須要進一步比對「家數」與「營業額」的發展趨勢。

a.家數與成長率的發展趨勢

就「家數」而言，自 2013 年起，每年都呈現增長的趨勢，2015 和 2017 兩個年度的「成長率」增幅尤為明顯，是其他年段的 1.5 至 3 倍。

「家數」：2012～2017 年，持續增長。

	2012 年	2013 年	2014 年	2015 年	2016 年	2017 年
家數（左軸）	59,849	60,246	60,628	61,824	62,325	63,250
成長率（右軸）		0.66%	0.63%	1.97%	0.81%	1.48%

「家數」成長率：稍有起伏，但皆維持正數。

-0.03%　　+1.34%　　-1.16%　　+0.67%

b.營業額與成長率的發展趨勢

就「營業額」而言，自 2013 年起，每年的「成長率」增幅逐漸下滑，至 2016 年甚至大幅衰退，隔年 2017 年才又重新回歸增長的趨勢。

「營業額」：2012 年起逐年成長，2016 年發生大幅衰退。

	2012 年	2013 年	2014 年	2015 年	2016 年	2017 年
營業額（左軸）	809,304,982	831,035,112	848,393,064	858,658,534	826,567,900	836,206,447
成長率（右軸）		2.69%	2.09%	1.21%	-3.74%	1.17%

「營業額」成長率：自 2013 年起逐年衰退，至 2016 年時更大幅衰減。

-0.6%　　-0.88%　　-4.95%　　+4.91%

思考步驟 2　綜合敘述

了解「家數」與「營業額」各自的發展情況後，我們必須在有限的篇幅內，將兩者各自發展的趨勢和相互影響的結果一併描述。描述時，特別要掌握「趨勢」和「變化」，才能說清楚發展的情況，如下：

a.比對兩者的發展趨勢與變化

當「家數」不斷增加時，「營業額」並未持續正成長，反而在 2016 年發生大幅衰退。

b.結論

營業額與家數的成長不成正比，家數愈來愈多，但是營業額並沒有隨之穩定地逐年成長。

⊱ 寫作祕笈・知性招式 1 ⊰

長條圖：從消長中找趨勢

　　長條圖的基本概念是「顯示數值變化」，著重以「圖塊長短」凸顯數值的升降。

　　在遇到長條圖題型時，除了觀察「數值增減」是否有規律性、關鍵變化之外，還需要注意在表面增／減的趨勢下，是否隱藏著特殊訊息，例如本題裡「家數」持續增加，「營業額」也持續增加（2016年除外），但「營業額成長率」卻反而衰退。

1

創新與傳統

長條圖：

從消長中找趨勢。

2

高齡化社會

折線圖：

從共同趨勢中

比較增幅差異。

3

死因統計

圓餅圖：

整體占比，

統計各分量的

迅速組織文章

解題關鍵 「維持傳統文化」的優勢在於「延續文化的義務」和「傳承智慧的必要」。「不斷追求創新」的優勢在於「以開創尋求機會」和「以改變適應環境」。寫作時若能融合兩種觀點，再加上合適的例證，就能使論述更全面。

a. 思維地圖

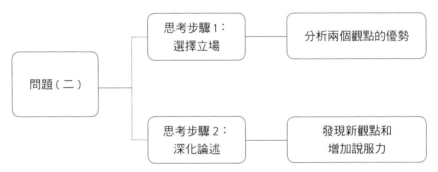

b. 篇幅結構搭建

第一段	申明立場：說明個人的立場。
第二段	陳述觀點一：說明原因並提供例證一。
第三段	陳述觀點二：說明原因並提供例證二／反駁論述：指摘另一個觀點的缺失。
第四段	總結：歸納前述，說明立場的價值。

1
創新與傳統

長條圖：

從消長中找趨勢。

2
高齡化社會

比較增幅差異，從共同趨勢中……

折線圖：

3
死因統計

整體古比，統計各分量的……

圓餅圖：

❧ 名言佳句運用 ❧

❶ 創新是科學房屋的生命力。（阿西莫夫）

❷ 現在一切的美好事物，無一不是創新的結果。（穆勒）

❸ 智慧是知識凝結的寶石，文化是智慧放出的異彩。（印度俗諺）

❹ 傳統是巨大的阻力，是歷史的惰力。但是，它是消極的，因此一定要被摧毀。（恩格斯）

❺ 假如傳統或「世代相傳」的意義僅是盲目地或一絲不苟地因循前人的風格，那麼傳統就一無可取。（艾略特）

❧ 推薦閱讀書籍 ❧

❶ 約拿·薩克斯：《創新者的大膽思考：如何跳脫安全思維，勇敢冒險，出奇致勝！》（三采）。

❷ 樋口清之：《梅乾與武士刀：在傳統文化中的古老智慧，揭開大和民族創新獨步的關鍵》（時報出版）。

❸ 麥爾坎·葛拉威爾：《引爆趨勢：小改變如何引發大流行》（時報出版）。

❧ 推薦影片 ❧

❶ 不環保的傳統該怎麼辦？關於環保天燈的創意實踐

❷ 遊戲改變世界

❸ 白先勇主講：崑曲新美學

寫作示範

　　「文創」，是「文化」與「創意」的結合。僅有文化而沒有創意，如陳舊過時的物事，無法吸引眼球；僅有創意而沒有文化，亦是缺少靈魂，儘管有著一時新鮮，仍無法長久經營。

　　過去，台南是個老舊城市，吸引遊客的大多是寺廟、古蹟及傳統小吃罷了。如今，台南注入新活力，從「老屋欣力計劃」串連各行各業，透過改造賦予老屋新的生命。在台南，你可以盡情享受「窄門咖啡」與「草祭二手書店」的「舊」，又或許你會想穿上一身美麗的旗袍，漫步在這古城之中。在傳統服飾即將消失的今日，台南安平的「旗袍／旗跑」就帶著維護傳統的使命，以創新的經營手法開幕了！透過租借各式傳統或改良式的旗袍，遊客可以自由選擇花色、搭配花鞋及提袋，開開心心的裝扮自己，留下「網美照」，並穿著一身「經典」在這古色古香的老城觀光。

　　創新需建立在傳統的底蘊之上才有價值，而傳統亦需要創新的包裝才能發揚光大。因此，我認為維持傳統文化並注入創新思維，便是現今產業成功的重要關鍵。（400字）

∞ 賞析 ∞

　　本文抓住「文創」二字作為論述的主軸，融合「傳統」和「創新」，並以台南舊城各種例子，作為個人觀點的有力證明。

　　首段簡潔明確，藉由解釋「文創」，打開後續寫作的思路和確立立場，為後文提供可靠的核心價值。次段以「台南舊城」各種老舊事物鋪開敘述

面，由「改造老屋」至「創新經營」，成功地將「傳統」融合於「創新」之中，彼此互補，呼應了首段的既有創意又有靈魂的觀點。

文末再次呼應觀點，強調「創新」與「傳統」並不隔閡，而是相輔相成、相得益彰。

問題（二）
詳解

思考步驟 1　選擇立場

「傳統」與「創新」，在不同環境和領域中，各有難以取代的優勢。因此，我們所關注的重點，不在於「比較」，而是「發現」。發現兩者各自獨特的優勢，作為選擇立場的依據和參考。

a.選擇「維持傳統文化」

傳統的優勢在於經驗的積累和智慧的承繼。因此，選擇以「維持傳統文化」作為書寫立場時，必須強調「延續文化的義務」和「智慧傳承的必要」。

從「延續文化的義務」著手的話，可以強調維持傳統文化是在防止一個民族或國家的特質，在時間洪流中遭到抹滅。

從「智慧傳承的必要」著手的話，則可以強調許多寶貴的智慧，無形中已然成為我們現代人生活的準則和習慣，而這些習以為常的生活模式，其實是無數先輩歷經探索和嘗試才得以總結而成。

b.選擇「不斷追求創新」

　　創新的優勢在於擺脫歷史包袱，以全面的視野來適應時局的變化波動。因此，選擇以「不斷追求創新」作為書寫立場時，必須強調「以開創尋求機會」和「以改變適應環境」。

　　從「以開創尋求機會」著手的話，可以強調不斷追求創新是在創造邁向新時代的機會。例如工業革命由技術的創新帶動消費、工作、生活等各方面的變化。因此，創新的本質其實是尋覓生存之機。

　　從「以改變適應環境」著手的話，則可以強調「創新」也是最具適應性的一種方式。時代不斷遞嬗，各種挑戰和問題接踵而至，若是永遠依靠老辦法和舊思維，恐怕無法解決新問題。

思考步驟 2　深化論述

　　選擇立場後，我們要怎麼樣寫出一篇具有洞見且有說服力的論述呢？

a.強化說服力：舉例證明，添加可信度

　　論述拆分成兩個部分，「論點」和「講述」。選擇立場只是第一步，要完整論述內容，還需要相應的論據和例證輔助，才能讓自己的觀點看起來更為可信和確實。例如思考步驟1提及的「工業革命」，不僅耳熟能詳，又是公認的事實，將這類具有**普遍性**且**切身相關**的論據放入論述中，自然容易使人接受。

b.發現新觀點：融合「傳統」與「創新」

　　我們還能綜合兩個觀點各自的缺陷，說明它們彼此互補，例如：「傳統」提供「創新」的基底和經驗參考，不至於盲目改變而缺乏評估；另一方面，「創新」為「傳統」注入生機，使舊有的價值、文化得以延續，甚至尋覓更大的發展可能。

∽ 結論 ∾

　　本文的寫作起點，可先由「傳統」和「創新」擇一作為立場，並以「發現價值」為鋪陳脈絡，放入具體的場景、案例中，證明觀點的可信度並一步步鞏固看法。此外，我們也可以試著「融合」兩者，將「創新和傳統」當作彼此的依賴互生的基礎，拓展新的寫作點。

1

創新與傳統

長條圖：

從消長中找趨勢。

2

消費化妝品

柱狀圖：

比較增幅差異，從共同趨勢中，

3

死因統計

圓餅圖：

整體占比，統計各分量的

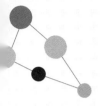

2

高齡化社會

（長條圖 & 折線圖分析）

難易度／★★☆☆☆☆

　　依據國家發展委員會的資料[1]，臺灣自 1993 年正式進入高齡化社會，2018 年跨過高齡社會的門檻，並預計在 2026 年邁向超高齡社會。老年人口的不斷增加，已然是不可逆的事實。如何面對這嚴峻的挑戰，使照顧老人和社會發展能均衡並進，是當代人應該深入了解的問題。

　　接下來，我們將從高齡議題著手，學習如何在回答對立型題目時，跳脫「正方」「反方」兩種直接的回答，提出更宏觀的視角。

---

[1]　資料來源：國家發展委員會「中華民國人口推估（2018 至 2065 年）」（https://is.gd/8uLYk6）。

知性模擬試題

　　據內政部 2018 年統計，臺灣高齡人口達 14.05%，即每七人中就有一人是老人，正式步入高齡社會。因應此一變化，各政府均提供相關協助措施，諸如補助雇用高齡工作者之雇主、規劃老人住宅、改善騎樓與馬路、提供公辦長期照顧機構與補助等。

　　與高齡者日常生活最相關的，莫過於高齡者乘車優待補助。下圖是「好野人市」的補助概況，自 101 年起，各年補助人次與補助金額如下圖：

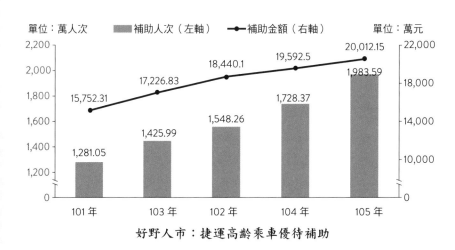

好野人市：捷運高齡乘車優待補助

　　請閱讀上圖，分項回答以下問題。

　　問題（一）：請根據上圖，說明 101 年至 105 年補助人次與補助金額數字的變化趨勢，並分析補助人次及補助金額之間的變化、關聯。文長限 80 字以內（至多 4 行）。（占 4 分）

　　問題（二）：臺灣人口少子高齡化已成為趨勢，有人認為高齡人口愈來愈多時，應該投入更多的資金照顧老人。但也有人認為，老人的生產力很低，若投資在老人身上將不敷成本。對於以上的觀點，請提出你個人的看法，文長限 400 字以內（至多 19 行）。（占 21 分）

迅速組織文章

解題關鍵 折線圖一般用於表現整體的趨勢走向，因此要回答「補助人次」和「補助金額」的趨勢並不難。但是，題目要求分析兩者的「變化」和「關聯」，暗示著整體趨勢走向中，兩者的關係發生了變化。因此，我們必須要注意兩者的間的細微差異，才能完整回答。

a. 思維地圖

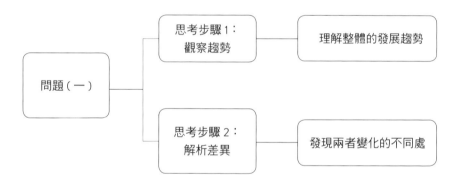

b. 篇幅結構搭建

先描述「補助人次」與「補助金額」的整體上升趨勢，可透過數值或圖表變化佐證。其次，找出兩者關係的關鍵變化，說明兩者上升的速率不一致，提出**人均補助金額逐漸降低**的結果。

寫作示範

範例一

圖表裡，從 101 年到 105 年都是上升的。很顯然，對老人的補助有越來越多的趨勢，這是個好現象。（42 字） 待加強

評語：本文敘述破碎，雖然略能注意共同上升的趨勢，卻未能指明「什麼」在上升，導致語焉不詳，語意模糊不清。此外，不宜加入與問題無關的看法和感受，應扣緊問題作答。

範例二

依據圖表可知，101 年至 105 年補助金額與老年人口皆逐年攀升，然補助金額雖上升，但上升幅度小於人口增加速度。（50 字） 中等

評語：本文已然掌握圖表整體趨勢和關鍵差異，敘述亦條理清晰。只可惜用詞不夠精準，「老年人口」全然不等於「補助人次」，若混為一談，依據圖表數值，「老年人口」的增加速度恐怕是奇蹟了。

範例三

由圖表中明顯看出從 101 年至 105 年的補助人次有逐年上升的趨勢，而補助金額也相對逐年提高。然而，補助金額上升的比例仍不及補助人次增加的速度，這也顯示出補助人次每年所受補助金額呈現逐年降低的情形。（93 字，臺北市立大理高中 曹琇荃）❷ 佳作

評語：本文就「補助金額」和「補助人次」共同上升的趨勢和增幅速度的差異，分次先後詳述，清楚揭示圖表裡的趨勢，和隱藏在趨勢之下的微細變化。概念清晰，敘述詳盡精準。

範例四

自 101 年至 105 年，補助人次與補助金額皆逐年上升，但兩者增幅不一，補助人次略大於補助金額，導致每年人均補助金額亦逐年下滑。（58 字）　**佳作**

評語：本文用詞精煉，敘述精準明確，清晰地把握共同增長趨勢裡的速率差異，並推導出結果。文字掌握力極佳！

問題（一）
詳解

思考步驟 1　觀察趨勢

題目要我們注意趨勢，暗示「補助人次」以及「補助金額」連續五個年度的變化規律是相似的。

那麼，我們要如何解讀圖表裡的趨勢呢？只要照下頁分析，依序比較每年數值的升降變化，即可回答本題。

---

❷ 本文由臺北市立大理高中柯佳芸老師指導，特此銘謝。

a.先觀察圖表左側：「補助人次」的變化與趨勢

圖表左邊的縱軸是補助人次，我們可以先整理成下列表格：

項目／年度	101	102	103	104	105
補助人次 （萬人次）	1,281.05	1,425.99	1,548.26	1,728.37	1,983.59

上升　　上升　　上升　　上升

由上表可以發現，自 101 年度起，每個年度的數值變化都是上升的。因此，我們可以說補助人次數值的「**趨勢**」就是增長。

b.再觀察圖表右側：「補助金額」的變化與趨勢

圖表右邊的縱軸是補助金額，我們也可以整理成下列表格：

項目／年度	101	102	103	104	105
補助金額 （萬元）	15,752.31	17,226.83	18,440.1	19,592.5	20,012.15

上升　　上升　　上升　　上升

由上表可以發現，自 101 年度起，每個年度的數值變化都是上升的。因此，我們可以說補助金額數值的「**趨勢**」也是增長。

c.總結兩者：「補助人次」與「補助金額」的共同趨勢

雖然「補助人次」與「補助金額」的增幅比例各不相同，但兩者在個別年度的數值變化和五個年度的整體發展上，都呈現增長的共同**趨勢**。

　　題目除了要求注意趨勢，還特別提及兩者之間的「變化」和「關聯」，暗示在相同的趨勢下，兩者的關係其實有變化。

　　那麼，我們要如何發現趨勢下的關鍵變化呢？我們可以從「比較增幅差異」和計算「平均人次補助金額」著手：

a.比較增幅差異

　　補助人次和補助金額雖然都在增加，但兩者的增幅並不成正比。截至105 年，補助金額共提高約 4,300 萬，增幅約為 27.2%。反觀補助人次的增幅，從 101 ～ 105 年共增加 700 多萬人，增幅則高達 54.6%。

　　由此，我們可以確定的是：「補助人次」的上升速度比「補助金額」更快。

b.平均人次補助金額降低

　　既然「補助人次」上升的速度比「補助金額」更快，也就表示每人次能夠接受的補助金額正持續下滑。以下透過表格，可以更方便我們發現事實：❸

年度	101	102	103	104	105
人均補助金額	12.2964	12.0806	11.9102	11.3358	10.0888

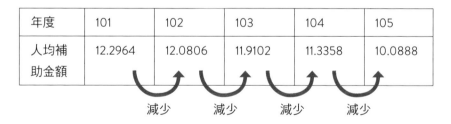

減少　　減少　　減少　　減少

　　上表所顯示的人均補助金額，自 101 年起，從每人次可接受 12 多元補助金，歷經四年滑落，至 105 年已降低到每人次 10 元。

---

❸　人均補助金額計算方式：補助金額／補助人次（取至小數第四位）。

1
從消長中找趨勢
長條圖：

2
高齡化社會
折線圖：
比較增幅差異。
從共同趨勢中，

3
死因統計
圓圖圖：
整體占比，
統計各分量的

～ 結論 ～

　　綜合「補助人次」和「補助金額」資料可以發現，兩者自 101 年至 105 年逐年增長，但補助人次的增幅大於補助金額，導致每人次能接受的補助金額下降。

～ 寫作祕笈・知性招式 2 ～

折線圖：從共同趨勢中，比較增幅差異

　　折線圖的基本概念是「顯示數值變化」，著重以「線條起伏」說明趨勢的發展。遇到折線圖題型時，「描述趨勢」和「比較差異」勢必是問題核心。

　　通常折線圖不會單獨出題，往往會配合長條圖或折線圖加大訊息的複雜度。因此，「比較」就成為解析折線圖的關鍵辦法，例如 108 年國寫談減糖宣導的知性第一題，就是數組長條圖比較差異的典型代表；或是本題綜合折線圖和長條圖所組成的乘車補助問題，「補助人次」與「補助金額」在共同增長的趨勢裡，透過比對增幅的差異，可以發現「**平均每人次所得補助額**」正逐漸降低。

問題（二）

迅速組織文章

解題關鍵 題目列舉投資老人的兩種觀點，皆是由不同角度思考後的結果，只有利弊得失，而無關對錯。因此，答題時，除了「認同」或「反對」之外，若能綜合兩種視角，提出兼容並蓄的論述，較易獲得高分。

a. 思維地圖

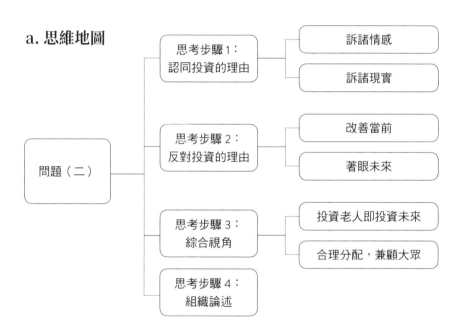

b. 篇幅結構搭建

第一段	提取題幹觀點，申明立場，以此作為開展全文的基礎。
第二段	提出多個理由、證據，強化看法的可信度。
第三段	轉換問題視角，開拓看法的高度、廣度。
第四段	總結前述，書寫個人主張的意義，以此拉高全文的層次。

❧ 名言佳句運用 ❧

❶ 老吾老，以及人之老；幼吾幼，以及人之幼。（《孟子・梁惠王上》）

❷ 你不同情跌倒在地的老人，在你摔跤時也沒有人來扶助。（印度俗諺）

❸ 老來受尊敬，是人類精神最美好的一種特權。（司湯達）

❹ 青年期是增長才智的時期，老年期則是運用才智的時期。（盧梭）

❧ 推薦閱讀書籍 ❧

❶ 約瑟夫・F・柯佛林：《銀光經濟》（天下文化）。

❷ 藤田孝典：《下流老人：即使月薪 5 萬，我們仍將又老又窮又孤獨》
（如果）。

❸ 松原惇子：《長壽地獄》（商周）。

❹ 林達・葛瑞騰等：《100 歲的人生戰略》（商周）。

❺ 楊寧茵：《全球銀力時代》（野人文化）。

❧ 推薦影片 ❧

❶ 老人不老，
國家安好

❷ 高齡社會——
如何共創老年
價值？

❸ 聰明慢老：
日本用機器
人抗老

臺北市立大理高中　王博右❹

　　在高齡人口急遽增加的壓力之下，以及伴隨而來人口補助的總體金額上升的問題，我們必須選擇究竟是支出更大量的金額來照顧逐年增長的老年人口，還是降低國庫上的支出來運用於其他的方面。

　　面對此問題，我的想法是降低補助上的支出。也許會有人反對我的想法，但衡量兩者的重要性之後，我認為以現在的社會狀況來看，若是投入更多的資金於老年人口的補助上，社會有可能因為將來老年人口急遽增加，而無法負擔如此龐大的金額，最後致使國家破產。

　　政府面對老年人口補助資金可能不足的問題時，可以提高老年人退休年紀、設置企業的老年員工應雇用數量，以及設置就業上的保障等等諸如此類的政策。上述做法不但能提高老年人口在社會上的生產力，亦能將這些國庫內的金錢應用於經濟發展上，或者是補助其他低收入戶及身肢殘障者，也許能因此獲得更大的社會回饋。

　　但是，突然減少老年補助金額的發放，難免會使人們有措手不及之感，進而掀起反對浪潮。政府應該讓人民了解原本的補助措施會衍生的潛在社會問題，讓人民認識到有更多需要這筆款項的人們。所以，我認為應將這些原本欲投資在老年人口上的資金，運用於社會更有效益的人、事、物，以期獲得更大的回饋，進而促成社會的進步發展。（495字）

❹　本文由臺北市立大理高中柯佳芸老師指導，特此銘謝。

1
從消長中找趨勢
長條圖：

2
高齡化社會
折線圖：
比較增幅差異，。
從共同趨勢中，

3
死因統計
圓餅圖：
整體占比，
統計各分量的

賞析

　　本文雖不贊成投資老人，卻非為了己之私，而是由國家社會發展的整體概況，擬定更為長遠的辦法。融合觀點的評論方式，顯示出作者的思維高度，並凸顯權衡利弊時的謹小慎微。雖然只是假設性問答，卻處處可見建設性的意見和極具說服力的分析，這點十分難得。

　　文章首段先提取題幹訊息，次段立即推出個人主張，並開展理由和解決方法。作者先從「老年人口」急劇增加的未來趨勢，強化個人立場的正確性，說明一味加大補助，將會導致國家財政困難，甚至造成無可挽回的危機。由「事實」到「可能影響」的推論過程，充滿警惕性。

　　在確立反對投資的立場後，作者話鋒一轉，提出老人參與社會分工、鼓勵企業雇用老人、制定保護政策等措施，建立一套可持續的完善制度，以解決補助資金的缺口。由此可見作者細膩周到的思維和藏在理性分析言詞之下的溫情。

問題（二）
詳解

思考步驟 1　認同投資的理由

　　如果我們認同投資老人，書寫時可以發展出哪些思路呢？

　　「投資」二字，可以有兩層解釋：第一，基於主觀情感而投入資金，主要訴求是「感恩」、「關懷」；第二，基於客觀分析而投入資金，主要訴求是「消費群體」、「參與分工」、「社會穩定」。詳細說明如右：

a.訴諸情感（關懷、感恩）

第一，由「關懷」老人的身心健康書寫，是指投資老人可以幫助老人及其家人度過生理退化、心理空虛，或是長期的醫療費用、看護費用等經濟和心靈上的困難。

第二，由「感恩」老人的付出書寫，則是指贊成政府基於道義、倫理、道德等原則，應加大照顧老後族群，作為感謝。

b.訴諸現實（主要消費群、社會分工、社會穩定）

第一，由老人成為「主要消費群」書寫，是指投資老人具有巨大的潛在收益，相關產業如長照、旅遊、購物消費、保險規劃等，都可能迎來新一波的經濟成長與轉型。

第二，由老人加入「社會分工」書寫，是指投資老人（例如制定政策獎勵雇用老人的企業），能讓許多企業善加利用年長者的經驗，活用社會的勞動力。

第三，由「社會穩定」書寫，是指投資老人可以避免又貧窮又孤單的老人淪為「下流老人」❺，成為高犯罪率的群體，防止對社會治安、公共秩序帶來不利影響。

思考步驟 2　反對投資的理由

如果我們反對投資老人，可以怎麼立論呢？

「反對投資老人」一語，容易招人貼上無情無義的批判標籤。因此，答題時，切不可搬出「老人無用論」等武斷看法，應就經濟、社會、教育各方面立論。我們可以從下頁提供的兩方面論述著手。

---

❺　「下流老人」（かりゅうろうじん）一詞，源自於日本社會學者藤田孝典的著作，意指過著貧窮生活的高齡者，及潛藏在其背後的問題與危機。

a.改善當前（提高生育率、振興經濟）

第一，可由「提高生育率」書寫，我們可以指出政府應該著重解決「少子化」這個根本問題，提撥經費補助生育，避免人口結構向高齡一方傾斜，導致勞動力不足、動搖國本。

第二，可由「振興經濟」書寫，我們可以指出政府必須合理規劃預算分配，與其以有限的投資追趕難以企及的高齡趨勢，不如投資年輕人創業、自動機械化、人工智慧等，帶動經濟發展，為年輕人安家、扶養長輩，塑造良好環境。

b.著眼未來（關注其他風險、投資教育）

第一，可由「關注其他風險」書寫，指出人口高齡化只是眾多問題之一，諸如人口膨脹、資源短缺、環境汙染等重大生存議題，其實更具威脅。

第二，可由「投資教育」書寫，指出不應該一味投資在老人群體，而忽略了教育、人才培育，應該多加幫助真正支撐經濟發展、產業創新的未來角色。

思考步驟3 綜合視角

除了認同和反對，還有哪些思路？

其實，「年輕人」和「老人」並非是相互爭取資源的對立面，因為當前的年輕人將來也會成為老人。因此，答題時，可調和兩者看似對立的關係，採取兼容的觀點，找出雙方都能得益的做法。

a.投資老人即是投資未來

我們可以指出投資老人就是投資未來，一方面照顧當前的老人群體，另一方面也讓年輕人能更專注當下，安心迎接老後生活的到來。

b.合理分配，兼顧大眾

題幹裡只針對投資老人一事提出正反觀點，卻未提及「投資」的分配和比例。我們可以由此切入書寫，主張應該將投資妥善分配給各個人口族群，達到既能照顧老人，也能兼顧經濟發展的合理辦法，跳脫非黑即白的對立視角。

思考步驟 4　組織論述

選定視角後，我們要如何安排論述架構呢？

a.先闡明立場，再以設問引出思路

我們在答題時，必須先交代議題的背景：投資老人，或是反對投資。交代議題後，可以運用「**設問**」，收束議題焦點，接著推出個人的看法與立場。

b.羅列理由，逐條分述

一篇好的論述，必須結合證據、維度以及影響三個層面。

❶ 結合客觀證據：提出高齡化速度、社福支出費用、經濟成長率等明確數據或共識，充實論述的可信度。

❷ 拓展問題維度：切換視角看問題，可由個人情感、老人健康、社會秩序、福利制度、經濟發展、國家前景等不同維度，分析議題的多面性，鋪開更寬闊的論述面向。

❸ 適度推論影響：擺脫紙上談兵的疑慮，推導所提出的看法之層層影響、作用，進一步表現遠見與洞察，也使論述充滿理據。

c.自設攻防，解開疑慮

我們可以適時對自己的看法提出疑慮，再進一步回答解釋，這不僅能

檢驗有效性，也能避免給人自說自話的膨脹感，讓讀者感受到思考的周延
與全面。

d.總結看法，提煉意義

　　文末必須精簡地總結，並再次申明個人的立場。同時，對投資老人這
項議題，應要陳述意義，才能拉高論述的層次。無論是關懷為本的照顧、
感恩，或是現實主義的市場預測、社會分工，抑或國家的整體發展、均衡
受惠，都能體現更宏觀的意義與價值。

✑ 結論 ✑

　　本題的論述角度有三種：「認同投資老人」「反對投資老人」或是「綜
合視角」。其中，「綜合視角」最能跳脫非黑即白的對立視角。

　　最後，須注意無論認同或反對，都應提出客觀說明，不宜以憐憫、批
評等口吻敘述。

✑ 思辨補給站 ✑

多重視角：切換角度，截長補短鎔鑄新看法

　　視角是論述者的手術刀，在「分析利弊得失」這類型的題目時，
熟練地切換多個視角或鎔鑄新看法，論述往往能收奇效。例如本題
站在「投資老人」的立場中，以「感恩、關懷」的視角入手，再切
換至另一視角賦予老人社會價值，融情於理，就能兼收情感和理性
訴求的雙重優勢；又或者跳出投資或不投資的立場選擇，融合出「投
資老人即是投資青年」的新視角，並提出合理分配方式，從舊立場
中突圍而出。

知性概念 3

死因統計
（圓餅圖分析）

難易度／★★★☆☆☆

　　衛福部每年公布的「十大死因統計」，是評估國人健康狀態、生活習慣以及醫療資源投入的重要參考。這些統計結果值得我們一探究竟。

　　本章將從「十大死因」出發，學習如何分析圓餅圖，以及如何組織「申論文章」的架構：從設定「目標」、「觀點」、組合「論述材料」，到最終提出「解決方案」。

　　每年六月，衛生福利部都會公布前一年的十大死因。據衛福部統計，民國 106 年的十大死因，按死亡率由高到低依序為：惡性腫瘤（癌症）、心臟疾病、肺炎、腦血管疾病、糖尿病、事故傷害、慢性下呼吸道疾病、高血壓性疾病、腎炎、腎病症候群及腎病變、慢性肝病及肝硬化。十大死因是衡量一個國家國民健康程度最敏感的指標，在評價國民健康狀況上的意義有二：其一，十大死因的疾病種類與順位會隨國家的社會經濟發展情形而改變，由疾病種類和其所排列的順位，可判斷該國發展的程度。其二，由其疾病性質與其死亡率多少，可了解國民健康程度與衛生需要的內容。

　　在該年的統計中，值得注意的是 15 ～ 24 歲的死因統計和 25 ～ 44 歲的死因統計，如以下二圖：

15 ～ 24 歲（總死亡 1,157 人）

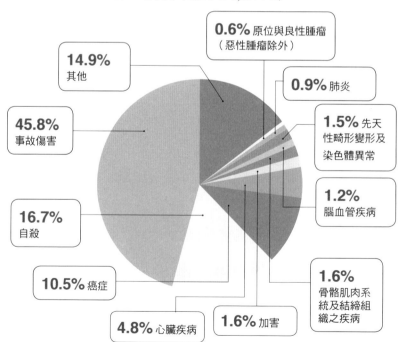

0.6% 原位與良性腫瘤（惡性腫瘤除外）

14.9% 其他

0.9% 肺炎

45.8% 事故傷害

1.5% 先天性畸形變形及染色體異常

1.2% 腦血管疾病

16.7% 自殺

1.6% 骨骼肌肉系統及結締組織之疾病

10.5% 癌症

4.8% 心臟疾病

1.6% 加害

1
創新與傳統
長條圖：
從消長中找趨勢。

2
高齡化社會
折線圖：
比較增幅差異。
從共同趨勢中，

3
死因統計
圓餅圖：
整體占比。
統計各分量的

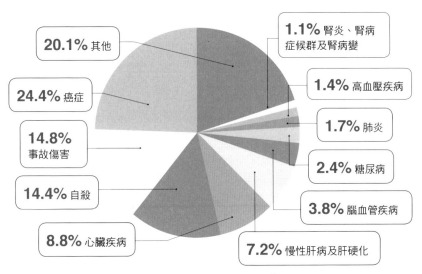

25 ~ 44 歲（總死亡 8,351 人）

20.1% 其他

24.4% 癌症

14.8% 事故傷害

14.4% 自殺

8.8% 心臟疾病

1.1% 腎炎、腎病症候群及腎病變

1.4% 高血壓疾病

1.7% 肺炎

2.4% 糖尿病

3.8% 腦血管疾病

7.2% 慢性肝病及肝硬化

圖表來源：衛生福利部❶

請分項回答以下問題：

問題（一）：根據上圖，若排除「其他」因素，十大死因可粗分為「疾病類」、「預謀類」、「意外類」，試說明這三類死因於兩個年齡段所占比例之消長，文長限 80 字以內，至多四行。（占 4 分）

問題（二）：由上圖可知，不管在哪一個年齡段，「事故傷害」均為重大死因。「事故傷害」以人為因素為大宗，除了小心防範外，更需要一套標準防止悲劇再度發生。孔子曰：「導之以德，齊之以禮，有恥且格。」韓非子曰：「威勢之可以禁暴，而德厚不足以止亂也。」你認為應當如何防範事故傷害？試以二人觀點為基礎，撰寫一篇短文，提出你的看法與論述。文長限 400 字以內（至多 19 行）。（占 21 分）

---

❶ 本圖表據衛生福利部「106 年死因統計結果分析」重製。

迅速組織文章

解題關鍵 圓餅圖常用以表示比例關係，包含整體與個體的比較，以及內部各別比較。題幹要問的是「兩個年齡段的比例消長」，並限定在「疾病、預謀、意外」這三類死因。因此，只要能釐清三類死因的劃分範圍，再透過比例數值比較差異，就能答題。

a. 思維地圖

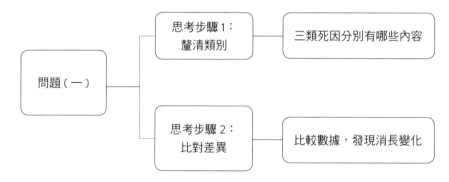

b. 篇幅結構搭建

　　首先，對比兩個年齡段中，「疾病類」、「預謀類」和「意外類」三者所占的比例變化。接著，說明數值增減背後的消長關係。

問題（一）
寫作示範

範例一

15 至 24 歲這個年齡段的主要死因類別是意外類，但到了 25 至 44 歲這個年齡段時，主要死因類別則變成疾病類。由此可見，意外類死因占比下降，疾病類比例上升。（71 字）　中等

評語：本文就意外類和疾病類死因，敘述兩者在不同年齡段的主導地位和消長關係。描述精準明確，但缺少數據輔助證明。

範例二

在 15 至 24 歲以意外類總計 45.8% 占最大死因，而在 25 至 44 歲以疾病類的 50.8% 取代意外類成為最大死因。由此可見隨著年齡增長及衰老等原因，意外類則大幅降低，疾病類顯著上升成最大死因。（81 字，新北市立板橋高中　余崇瑋❷）　佳作

評語：本文以主要死因為敘述重心，說明兩個年齡段的最大死因類別由意外類改變為疾病類，並加入數據證明兩者比例關係的消長變化，敘述簡潔清晰，關係變化表示明確，文字的掌握度相當高。

---

❷　本文由新北市立板橋高中李欣嚴老師指導，特此銘謝。

問題（一）
詳解

思考步驟 1　釐清類別

　　答題時，我們要將同屬性、相似度高、關聯性強的不同事物，劃分到同一類別裡，步驟如下：

a.找出分類依據

　　首先，圓餅圖裡羅列的十大死因，最明確的也是最容易分類的，就是疾病。只要死因敘述上包含「人體器官」、「疾病名稱」，都應該歸類為**「疾病類」**。

　　其次，「意外類」與「預謀類」兩類有清晰的分類依據：判定有無動機。「加害」與「自殺」兩項死因，很明顯的都是帶著意圖，據此，我們可以將「加害」與「自殺」歸類於**「預謀類」**，而剩下的「事故傷害」則劃歸為**「意外類」**。

b.統計數據

　　接著，我們應該分類兩個年齡段的十大死因，統計如右頁表格。

15～24 年齡段十大死因	分類	比例
0.6% 原位與良性腫瘤（惡性腫瘤除外）	疾病類	21.1%
0.9% 肺炎		
1.5% 先天性畸形變形及染色體異常		
1.2% 腦血管疾病		
1.6% 骨骼肌肉系統及結締組織之疾病		
4.8% 心臟疾病		
10.5% 癌症		
1.6% 加害	預謀類	18.3%
16.7% 自殺		
45.8% 事故傷害	意外類	45.8%

25～44 年齡段十大死因	分類	比例
1.1% 腎炎、腎病症候群及腎病變	疾病類	50.8%
1.4% 高血壓疾病		
1.7% 肺炎		
2.4% 糖尿病		
3.8% 腦血管疾病		
7.2% 慢性肝病及肝硬化		
8.8% 心臟疾病		
24.4% 癌症		
14.4% 自殺	預謀類	14.4%
14.8% 事故傷害	意外類	14.8%

1

從消長中找趨勢
__

2

比較增幅差異，
從共同趨勢中，
__

3
死因統計

圓餅圖：
統計各分量的
整體占比。

思考步驟 2　比對差異

　　統計完三大類的比例後，我們就能開始回答兩個年齡段的消長變化。

　　依據三大類統計後的占比（如下表），我們可以發現三類死因的重要變化在於：疾病類大幅增高，是高年齡段的主要死因，約增加 30%。而原本是低年齡段主要死因的意外類則大幅降低，約下降 31%。

年齡段 / 類別	疾病類占比	預謀類占比	意外類占比
15 ～ 24 年齡段	21.1%	18.3%	45.8%
25 ～ 44 年齡段	50.8%	14.4%	14.8%

上升 29.7%　　　　　　　　　　下降 31%

❧　結論　❧

　　在面對圓餅圖以「類別與比例」為主的比較分析題型中，我們只要掌握判別分類的依據和數據總和的升降，往往就能發現答題的線索，進一步組織思路，完整回答問題。

❧　寫作祕笈・知性招式 3　❧

圓餅圖：統計各分量的整體占比

　　圓餅圖的基本功能在於呈現整體與各分量之間的比例關係。因此，「各分量」的大小排序、「各分量在整體」裡的占比多寡，甚至搭配上另一個不同年度、不同領域的圓餅圖相互比較，都是出題的方向。例如本題討論十大死因，以兩個不同年齡段的圓餅圖呈現十大死因的占比消長，我們只要套上分類概念後，再找出彼此間的顯著差異，各疾病在整體統計裡的變化關係就一目瞭然。

問題（二）
迅速組織文章

解題關鍵 孔子（儒家代表人物）和韓非子（法家代表人物）的觀點，反映了解決問題的不同思路，主要差異在於他們處理問題的先後順序以及側重面向。答題前，務必先釐清兩人觀點的利弊，再組織想法，全盤考慮問題後，採取偏重或融合的論述策略，才進行答題。

a. 思維地圖

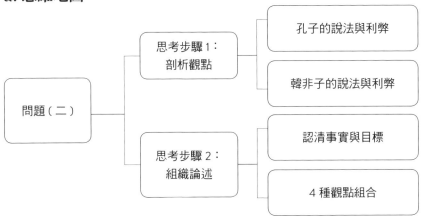

b. 篇幅結構搭建

第一段	解釋雙方觀點，並申明個人立場。
第二段	說明事實與目標，提出解決方案，論述理由。
第三段	再切換論述角度，找出更多支持的理由。
第四段	總結前述，說明個人觀點的現實意義。

1
從古人中找趨勢
與焦點

2
比較增幅差異，
從其回趨勢中…

3
死因統計
圓餅圖：統計各分量的整體占比。

∽ 名言佳句運用 ∾

❶ 古之欲明明德於天下者，先治其國。欲治其國者，先齊其家；欲齊其家者，先修其身；欲修其身者，先正其心；欲正其心者，先誠其意；欲誠其意者；先致其知。致知在格物。（《禮記・大學》）

❷ 法律是顯露的道德，道德是隱藏的法律。（林肯）

❸ 集體的習慣，其力量更大於個人的習慣。因此如果有一個有良好道德風氣的社會環境，是最有利於培訓好的社會公民的。（培根）

❹ 法律就是秩序，有好的法律才有好的秩序。（亞里斯多德）

❺ 刑罰的威懾力不在於刑罰的嚴酷性，而在於其不可避免性。（貝卡利亞）

∽ 推薦閱讀書籍 ∾

❶ 彼得・伯恩斯坦：《風險之書：看人類如何探索、衡量，進而戰勝風險》（商周）。

❷ 孫震：《儒家思想在 21 世紀》（天下文化）。

❸ 黃榮堅：《靈魂不歸法律管：給現代公民的第一堂法律思辨課》（商周）。

❹ 保羅・布倫：《失控的同理心：道德判斷的偏誤與理性思考的價值》（商周）。

∽ 推薦影片 ∾

❶ 法律吧　　　　　❷ 先秦諸子百家爭鳴24 儒法之爭 06：儒法是非

寫作示範

新北市立板橋高中　余崇瑋❸

　　「天有不測風雲，人有旦夕禍福。」一句話點明人在一生中，總會遇上一些無法預測的意外，而這些事故往往導致家破人亡的慘劇，而生命不應該心存僥倖，也許，透過一套方法，能夠減少人們受事故影響的傷痛。

　　子曰：「導之以德，齊之以禮，有恥且格。」孔子認為，用德性引導人民，用禮法約束人民，人們不但會守法，還會引以為榮，因此應該著眼於品德教育，從深層啟發人的內在，就能減少事故發生的可能。首先，透過從小的家庭教育，構築最基本的道德觀；再者，由學校、同儕等米德社會化自我理論提及的重要他人，來加強教育的影響，以此便可達到「蓬生麻中，不扶而直」的效果；第三，透過保險投保、風險轉移等方式，盡可能提高自己在事故下獲得的風險貼水，降低事故的風險。

　　同時，我們也可將事故所造成的負面結果，轉化為另一種的教育，讓這些案例起到警惕的效果。舉例來說，我國現行的駕照測驗中，在考前會進行一場交通安全的講座，藉以提醒這些未來的用路人，許多家庭都無法承受一場意外帶來的傷痛，包括用路人自己的家庭，讓他們在未來上路時更加地謹慎行車，把其他的用路人當成家人一般看待。

　　綜合以上論述，我認為最重要的因素還是在人身上，除此之外，還可以用教育來引導人們降低事故傷害，輔以法律的限制，更能有條理的規範，將事故從單單雙方的問題，拓展至整個社會層面。（544字）

---

❸　本文由新北市立板橋高中李欣嚴老師指導，特此銘謝。

　　本文贊同儒家的立場，以重視教育、培養個人道德觀和群體的相互重視，作為降低事故發生的主要解決辦法。

　　作者從儒家的觀念出發，卻不被儒家說法的時代性束縛。在第二和第三段，運用現代社會學的理論解析人我群體的關係，並且以風險管理的思維，積極提出事故一旦發生後的應急方法。這段論述中，援引了較專業的學術名詞，如米德社會理論的「重要他人」❹，以及投資領域的「風險貼水」❺等，在在顯示作者具有鎔鑄傳統和現代的廣闊視野。

　　文中也以考取駕照前的道路安全講座舉例，說明教育、宣導的普及性和重要性，此段亦呼應了當代生活中處處可見儒家思想運用的實例。

　　末段雖然有提及「法」的規範與限制，但僅作為儒家方案的補充。如作者自述「最重要的因素還是在人身上」，全文立場清晰，側重面向明確。

問題（二）

詳解

思考步驟 1　剖析觀點

　　在答題之前，我們應該先理解孔子和韓非子的觀點，才能探究雙方的利弊。

---

❹　重要他人（Significant Others）出自米德（George Mead）之「社會自我理論」，是指人在與社會互動的過程中，每個他人對自己的重要度都會不同；而會使個體產生心理認同，進而成為被模仿對象的他人，即稱為重要他人。

❺　風險貼水（risk premium）指投資者對投資風險所要求的較高報酬率，以彌補投資者所承受的高風險。

a.孔子：重視人的自發性

孔子的話，出自於《論語·為政》，白話大意為：「以道德引導，以禮法約束，百姓不僅遵守法紀，還有羞恥心。」

這段話的意思是：群眾需要管理，但不是訴諸外在的法條，而是培養每個人明是非、知對錯的價值觀。簡單來說，孔子所重視的，無非是人的自發性。

b.韓非子：重視法的實效性

韓非的話，出自於《韓非子·顯學》，白話大意為：「道德感化仍不足以止亂，需要強而有力的約束力量才能達成。」

這段話的意思是：韓非認同政府設立強制約束力、懲罰的必要性。因此，韓非所重視的，是法的實效性。

c.分析觀點的利弊

接著，我們必須分析兩者的利弊，以此選擇要站在哪一方來論述自己的觀點。

❶ 孔子觀點的利弊：

孔子重視人的自發性，是因為主導行為的根本，即是人的思想、價值觀。也就是說，為避免「惡果」，應由改善犯錯的「惡因」做起。同時，一旦越來越多的人認同善惡是非的分際，社會和群體自然會形成一套弱約束力，藉由血緣、階層等關係相互制約。由此來看，孔子的做法接近於根本性的解決策略，長遠來看，影響的覆蓋性確實巨大。

然而，孔子的做法也存在弊端，人的良善與社會約束的背後都缺乏強而有力的懲罰機制。一旦犯罪沒有得到及時的懲罰，是否變相鼓勵犯罪？再推得更遠一些，當社會秩序陷入崩潰的極端情形，孔子的這套做法也就全然失效了。

❷ 韓非觀點的利弊：

　　韓非與孔子的做法恰好相反，他不從控制、影響人的思想著手，而是藉由法的強制力，劃下紅線，建立罪行與懲罰的對應關係，讓多數人在行為前的斟酌權衡。長久以往，根深柢固的律法概念將會形成更強韌的社會秩序，提供穩定社會的堅固基礎。

　　但是，韓非的做法也非全無垢病之處。單就運用律法約束行為來看，韓非對人的提升並無任何寄望，只是為管理而制定措施，完全摒除人可以改變的可能。這樣一來，律法不僅限制了人的行為，也否定向上提升的機會，也就變相削弱了社會發展的源頭動力。

思考步驟2 組織論述

　　釐清孔子和韓非的觀點後，我們又要如何將想法組織成文章呢？

a.認清事實與目標

　　首先，我們必須認清楚事實，才能釐定目標。在現實情況中，「事故傷害」是不可能完全消除的，因此，論述的目標應是**「有效降低事故傷害發生率」**。以此為探討前提，論述才能展開，也才具有現實意義。

b.觀點的4種組合

　　接下來，我們列出儒法兩家觀點的四種組合方式，作為論述的參考（請參考右頁表格）。

1. 全然儒家	2. 全然法家
論述的重點在於如何以「人的自發性」降低「事故傷害發生」。由於切入點在「人」，鋪展「內在感化和相互制約」的兩個論述層次就十分必要。	論述重點在於如何以「法的實效性」降低「事故傷害發生」。由於關注面在「行為」，務必闡述「承擔罰則與恫嚇效果」的兩大作用。
3. 先儒後法	4. 先法後儒
論述重點在於以「改善人的思想和道德標準」為主要辦法，建立長期穩定、事故傷害逐漸降低的社會，而法的加入，只是作為前述辦法失效時的補充手段。	論述重點在於強調「律法具有強制性和必還效果」，迅速降低犯罪率，短時間內達成事故傷害降低的目標，而儒的加入，則彌補長期效果不足的配套辦法。

❧ 結論 ❧

　　首先，我們要先確立申論的「目標」，即「有效降低事故傷害發生率」。接著，評估「儒」、「法」兩家觀點的四種組合模式，擇一作為申論的觀點。申論過程務必引證相關材料，以及提供可能的解決方案，增加論述的可信度。

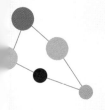

科技冷漠

（表格分析）

難易度／★★★★☆☆

　　根據調查，2018 年全球網路用戶每天平均使用時間超過 6 個小時，在享受網路帶來的便利和迅速同時，「科技冷漠」卻也成了現代人相處關係的普遍現象，有人認為網路正是人際關係疏離的元兇，卻也有人認為網路消弭了人與人之間的距離。究竟誰是誰非？

　　接下來，我們將一起探討網路時代下的冷漠與犯罪，訓練判讀表格的能力，並學習打磨立意高度、理解深化論述的方法，藉此提高論述品質。

知性模擬試題

隨著網路的崛起，人們的生活模式有了很大的轉變：電子郵件取代了傳統信件、網路購物取代到店挑貨、線上會議取代面對面開會，甚至線上交友取代了聯誼。這些轉變不只使社會進步，也使犯罪模式日新月異，產生了新的犯罪方式：「網路犯罪」。

為因應網路犯罪模式趨向專業化、組織化、多樣化及跨境化，內政部警政署刑事警察局亦成立「科技犯罪防制中心」，提升數位鑑識及科技偵查之效能。以下為內政部警政署刑事警察局公布的網路犯罪概況：

4
科技冷漠

表格題：

找出歧異。

橫推直看，

5
感情按鈕
存在論

推論題：

利用表格，

歸納因果關係。

6
循環經濟

開放式論說題：

萬用的論述架構。

年別	發生數（件）	詐欺	妨害電腦使用	侵害智慧財產權	妨害名譽（信用）	其他	破獲率（％）
101 年	13,440	3,415	4,332	2,832	1,085	1,776	60.41
102 年	12,011	3,117	3,019	3,020	1,156	1,699	63.92
103 年	18,725	5,714	7,555	2,280	1,401	1,775	40.98
104 年	12,586	3,979	2,854	1,981	1,482	2,290	70.87
105 年	13,362	4,521	2,325	2,243	1,866	2,407	71.68
106 年	14,997	4,274	2,066	2,162	2,322	4,173	79.04

表：網路犯罪概況[1]

請分項回答以下問題。

問題（一）：甲生：「當發生件數上升時，破獲率則會降低。」乙生：「當發生件數上升時，破獲率亦隨之上升。」兩者說法顯然矛盾。試根據上表「發生件數」與「破獲率」的關係變化，合

[1] 表格節錄自內政部警政署刑事警察局：〈107年第30週（107年1-6月網路犯罪概況）〉，〈警政統計通報〉（107年7月）。

理解釋甲乙二者產生矛盾的原因。文長限80字以內（至多4行）。
（占4分）

　　問題（二）：101年至106年，「妨害名譽（信用）」的犯罪事件逐年增多。只是隔著一個螢幕，人們卻比面對面更容易評論一個人，造成嚴重「網路霸凌」現象。有些學者認為網路使得社會互動更冷漠了，卻也有學者認為無遠弗屆的網路拉近了親友間的距離。試從上述兩種觀點，說明你對網路世代的人際互動方式之觀察及想法。文長限450字以內（至多19行）。（占21分）

迅速組織文章

4
科技冷漠

表格題：

找出歧異，
橫推直看，。

5
減輕接觸
存在論

歸納因果關係，
利用表格，
推論題。

6
循環經濟

萬用的論述架構，
開放式論說題。

解題關鍵 詳細觀察「發生件數」與「破獲率」的關係變化，並掌握甲乙說法各自的來源依據，從表格中數值異常增減處推估兩人的矛盾癥結，並輔以數據提出解釋。

a. 思維地圖

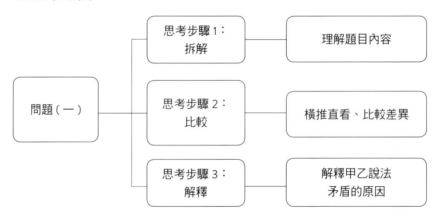

b. 篇幅結構搭建

答題必須包含兩個面向：解釋甲乙兩人說法矛盾的原因，並進一步說明該原因與「發生件數」、「破獲率」有何關聯影響。

寫作示範

範例一

甲乙生的觀點各自成立在單獨一年的總體變化，卻忽略了單一項別之差異，以及整體對比。破獲率受到發生數、破獲數影響。破獲數又由多種因素組成。103年度的電腦相關案大增，導致警方辦案不力，是影響破獲率之因素。（98字）　待加強

評語：本文從甲乙兩方共同忽略的重要關鍵出發，似已把握住答題核心，但在進一步解釋「破獲率」和「發生件數」為何產生矛盾時，未能明確指出是哪一分項造成影響，只歸咎於「多種因素」或武斷論定「警方辦案不力」，未能真正切中焦點。

範例二

甲生的論點與105年到106年之發生件數及破獲率數據的變化量不符；乙生則在102年到103年的數據變化量有出入。破獲率的計算採計發生數及破獲量，故兩生皆忽略了在「詐欺」及「妨礙電腦使用」分項案件量及犯罪手法的不同所造成的變化影響。（107字）　中等

評語：本文雖有注意到「詐欺」和「妨礙電腦使用」為甲乙兩人矛盾的關鍵，卻未能進一步解釋「如何」影響？占比的多寡、分項變化量的暴增，都需要點明。此外，前段敘述甲乙兩人說法對應年份的矛盾說明，實無必要。題目要求的是合理解釋矛盾，而非重述矛盾的事實。

範例三

甲乙兩說產生矛盾的主因在於未能注意「詐欺」和「妨礙電腦使用」兩項數值於 103 年的異常變化。從發生件數來看，上述兩項的占比極高，直接影響整體的「破獲率」。（74 字） 佳作

評語：本文直接切入「詐欺」和「妨礙電腦使用」，並解釋分項與總量占比多寡與破獲率的直接關係，清晰梳理三者之間的相互作用，點出甲乙兩人的盲點。言辭簡練，概括性極強。

問題（一）
詳解

思考步驟 1 拆解

首先，我們要先了解題目在問什麼？我們可以先將甲乙兩人的說法對列於下：

　　　　　　　　　　　　　　降低　➡　甲生說法

發生件數　上升　；　破獲率

　　　　　　　　　　　　　　上升　➡　乙生說法

　　　　　⬇　　　　　　　　　　　⬇

甲乙說法相同　　　　　甲乙說法相異

從左頁的說法對照圖可知，兩者的相同點是「發生件數上升」，而相異點是甲生認為「破獲率降低」，乙生則認為「破獲率上升」，由此可知，「發生件數」和「破獲率」兩項，是答題時需要觀察的重點。

思考步驟 2　比較

接著，我們要如何從圖表中找出甲、乙兩人意見不同的原因呢？

我們可以利用「橫推」與「直看」讀表，找出數值異常增減處，再觀察此項在表格中造成的影響，示範如下圖（表格解讀步驟為直看 1 →橫推 1 →橫推 2 →直看 2）：

> 直看 2：找出數字異常暴增的分項，這可能是造成甲乙說法不同的主要原因

> 直看 1：理解題意後，得知需要比較的兩個縱向欄位是「發生件數」和「破獲率」

年別	發生數（件）	詐欺	妨害電腦使用	侵害智慧財產權	妨害名譽（信用）	其他	破獲率（％）
101 年	13,440	3,415	4,332	2,832	1,085	1,776	60.41
102 年	12,011	3,117	3,019	3,020	1,156	1,699	63.92
103 年	18,725	5,714	7,555	2,280	1,401	1,775	40.98
104 年	12,586	3,979	2,854	1,981	1,482	2,290	70.87
105 年	13,362	4,521	2,325	2,243	1,866	2,407	71.68
106 年	14,997	4,274	2,066	2,162	2,322	4,173	79.04

> 橫推 1：甲生認為發生件數上升，破獲率會下降，是因為他只看到 102~103 年的數字

> 橫推 2：乙生認為發生件數上升，破獲率會上升，是因為他只看到 104~106 年的數字

最後，我們觀察完表格後，又要如何有效解讀數據呢？

a. 解讀 1：甲乙只解讀局部數據

從橫推 1 和 2 的觀察，可以知道甲乙兩人沒有對錯，因為他們都只解讀了表格中局部數據，陳述的只是部分事實，犯了「以偏概全」的錯誤。

b. 解讀 2：甲乙未觀察出圖表細節

從直看 1 和 2 的觀察，可以發現 103 年的破獲率之所以大幅下降，關鍵就在於「詐欺」和「妨礙電腦使用」這兩項的數值大幅上升，導致「發生件數」暴增，也連帶降低「破獲率」。

為求這個推論的正確性，我們再反觀總表，可以發現一個一致性的結論：**當詐欺和妨礙電腦使用的總數，占發生件數的整體比例下降時，破獲率就會上升。**

年別	詐欺與妨礙電腦使用總件數	發生數（件）	占比（%）	破獲率（%）
101	7,747	13,440	57.64	60.41
102	6,136	12,011	51.08	63.92
103	13,269	18,725	70.86	40.98
104	6,833	12,586	54.29	70.87
105	6,846	13,362	51.23	71.68
106	6,340	14,997	42.27	79.04

❧ 結論 ❧

甲乙兩方說法只見局部，兩方都沒有看出「詐欺」和「妨礙電腦使用」兩項的整體占比，是影響破獲率升降的關鍵，導致錯誤判斷。

❧ 寫作祕笈・知性招式 4 ❧

表格題：橫推直看，找出歧異

表格的主要作用在於透過「數字」簡化「各項目（欄）」在「衡量指標（列）」上的變化。由於表格是平面結構，觀察時務必注意「各項目」之間的「水平關係」，以及與「衡量指標」的「垂直關係」。此時，運用「橫推直看」的方法，即可在眼花撩亂的數群裡找出說法的來源、問題的癥結、數值的異常變化等。例如本題針對甲乙兩說矛盾的合理解釋，透過第一步驟的橫推直看，確定甲乙兩說的依據與差異，再進一步直看，造成兩說矛盾的癥結處就呼之欲出了。

迅速組織文章

解題關鍵 對於兩種對立觀點的處理方式，最常見的就是選邊站。然而，本題的兩種觀點並不是非黑即白的單一選擇題，而是不同價值觀所產生的解釋或結果。因此，與其討論網路造成的影響，不如就問題的源頭抓緊「使用者該如何運用網路工具」的概念，分析「人」與「工具」之間的關係、應有的態度和應對策略。

4
科技冷漠

表格題：

找出歧異，
橫推直看，。

5
感情按鈕
存在論

地推題：

品類因果關係，
利用表格，

6
循環經濟

開放式論說題。

萬用的論述架構。

a. 思維地圖

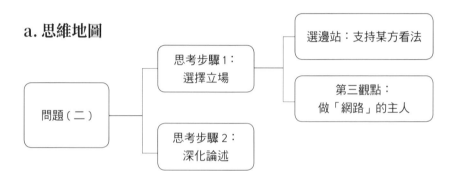

思考步驟1：
選擇立場

選邊站：支持某方看法

第三觀點：
做「網路」的主人

問題（二）

思考步驟2：
深化論述

b. 篇幅結構搭建

第一段	說明立場：從「冷漠」或「熱絡」的人際互動關係，擇一敘述，或統合兩者觀點，標新個人的立意。
第二段	解釋原因：說明立意的成因。
第三段	提出正面例證：敘述現象，分析作用，加強觀點的正確性。
第四段	反駁反面例證（或是重新詮釋反面例證）： (1) 找出反面例證的不可靠性，並予以批評。 (2) 提出不同的思維角度，找出新解釋。
第五段	概括例證和論述，並再次呼應立場。

❧ 名言佳句運用 ❧

❶ 麻木而冷漠的民眾，是專制政體最穩固的群眾基礎。（黑格爾）

❷ 冷漠在我們看來尤其重要，因為它與愛和意志關係密切。恨並非愛的對立面，冷漠才是。（羅洛‧梅）

❸ 冷漠無情，就是靈魂的癱瘓，就是過早的死亡。（契訶夫）

❹ 智慧跟人事很少有關係，因為人事多數是受我們的動物熱情所支配。（林語堂）

❧ 推薦閱讀書籍 ❧

❶ 哈拉瑞：《21 世紀的 21 堂課》（天下文化）。

❷ 湯姆‧蓋許：《被誤解的犯罪學》（臉譜）。

❸ 凱文‧凱利：《釋控》（貓頭鷹）。

❧ 推薦影片 ❧

❶ 網路犯罪無所不在——我們該如何因應

❷ 成癮的科學——受毒品影響的大腦

❸ 網路世界的未來五千天

問題（二）
寫作示範

4
科技冷漠

表格題：
找出歧異，
橫推直看。

5
感情按鈕
有定論

歸納因果關係
利用表格

6
循環轉溢

萬川的論述架構
開展式論述題：

　　　　　　　　　　　臺北市立大同高中　邱靖芸

　　網路世界無遠弗屆，不僅提供人們包羅萬象的資訊及服務，成為日常生活不可或缺的工具。同時，也將世界村連結，拉近了山隔水阻的距離，縮短了東西南北的時間。僅僅相隔一面螢幕，我們能感受到天涯若比鄰的溫情，卻也能因匿名人士的三言兩語，狠狠刺入心坎。網路這把利刃，是革新之舉，抑或破壞之首，全取決於使用者的態度。

　　身處當代，網路早已深深嵌入生活。若使用者有意識的成為網路的主人並妥善運用，不僅能免於沉迷、受制的風險而出入自由，且充分享受便利、全面性的巨大好處，甚至促使意想不到的改變發生。突尼西亞茉莉花革命之所以大獲全勝，起初便是靠著社群網路的串聯，將改變的意念快速傳遞，發起一次次的抗爭，終究推翻獨裁政權，寫下民主嶄新的扉頁。

　　另一方面，若使用者稍有不慎，就容易成為淪為暗黑打手、匿名攻訐、散播假消息的網路共犯。網軍酸民崛起，中傷霸凌、不實謠言漫天飛舞，用鍵盤摧毀人命的事件屢見不鮮；劣質媒體散播偽造新聞，炒作未經證實的言論，煽動一群群人云亦云的網民，助長偏激思想的惡潮，成為社會動亂的幫凶。

　　然而，網路再便捷、再全面，終究是項工具。而工具產生的結果，端賴每一個使用者的思考和評估。我想，這是個好壞並存、溫情和冷漠同在的社會，我們雖無法竭力阻止負面影響的發生，卻能多一份心思在傳遞溫暖、建立更好的人際關係上。人應善馭網路這頭巨象，為其指路，而非鬆開主控的韁繩，成為巨象的俘虜。（579字）

❧ 賞析 ❧

本文採總論分論的手法進行，先提供網路與生活緊密相關的背景，以「使用者」作為主體，從妥善運用和濫用的兩個層面，分別展開觀察和敘述，又都貫徹了「人」決定「工具」面貌的中心意涵。文末又再次扣緊以「人」為主的觀點，在接受負面影響必然出現的同時，反能積極地闡述正向影響的作用，以騎象者為喻，暗示人應該做網路之主，而非網路之奴，給當代使用者一道明確的使用建議！

問題（二）
詳解

思考步驟1 選擇立場

首先，我們要思考論述文的立意基礎，總共有兩種選擇如下：

a. 選邊站：支持某方看法

題目要求我們須從「網路使社會互動更冷漠」或「網路拉近了親友間距離」的兩種觀點中，抒發自身的看法。兩種觀點是矛盾對立的，因此，最基本的答題方式就是選擇其中一方作為立論觀點，再舉引相應的例證印證看法。

b. 第三觀點：做「網路」的主人

「網路」是種工具媒介，以此作為平台、紐帶，連結形形色色的人際關係。作為「使用者」的我們，有權決定「接收」和「發送」的參與比例。

也就是說，我們不只是「被」網路影響的一方，也是參與、影響他人的關鍵力量。

　　因此，在此層的寫作立意上，探討的空間可以從「被動觀察」上升到「主動影響」，而「人該如何使用網路」的潛在議題也呼之欲出。

思考步驟 2 深化論述

　　接著，選定立場後，可以如何加強論述的力量呢？

a. 給予價值判斷

　　「冷漠」和「熱絡」是題幹給予的前提觀察，然而就文字表面來看，很容易得出「冷漠等於負面影響」與「熱絡是正向影響」的非必然因果關係。**這種慣性的思維，往往遮蔽審視問題的維度。**

　　在面對題目時，我們應試著問：「冷漠一定不好嗎？」「熱絡是不是一種盲從？」「冷漠的態度可否視作一種謹慎或警惕？」「熱絡的過度頻繁是否帶來全新的人際關係壓力？」題目並沒有預設現象觀察的價值判斷，我們應該有能力跳出思維框架，自我提出判斷和解釋。

b. 建立論述的參考座標

　　一般的寫作者容易站在「以量取勝」的策略上，列舉大量的例證，疊加固化觀點的堡壘。事實上，人際關係的各種現象，早在網路發明前都已存在，網路只是擴大、加劇某些影響，而非探究人際關係的新問題。因此，**我們應在論述中建立明確的參照座標，在網路從未發明到發明的時間橫軸上，指出人際互動產生了什麼形式的變化**（例如網路帶來了犯罪的擴大、言論過激導致無所不在的仇恨霸凌，或是資訊透明促使人民更有效的監督政府和參與政治社會議題……等），讓讀者能清楚洞見網路在人際互動關係的演化過程中，扮演著什麼角色、影響了哪些層面，以及產生何種具體結果。

c. 運用反駁強化論點合理性

　　論述雖然是闡述個人的觀點，但不可避免的問題是：「我們如何面對不同的意見與觀點？」因此，我們可以試著以設問的形式提出自己對於不同觀點的看法，再經由客觀分析與比較，一面展現論述者「思維的嚴密性」，也能讓讀者加入議題的討論，產生更深的「認同感」。

❧ 結論 ❧

　　我們可以從「冷漠」、「熱絡」兩種觀點擇一敘述，或融合兩者提出新觀點，以「正—反—合」的論述形式為主體。若能賦予「冷漠」和「熱絡」新解釋的可能則更佳。

　　論述時除了提出個人經驗之外，還應納入社會觀察、趨勢分析、研究數據作為客觀佐證。反面證據的處理，可採取「駁倒」或「重新詮釋」兩種策略，凸顯寫作者的面面俱到。

感情按鈕存在論

（樹狀圖分析）

難易度／★★★★★☆

　　絕大多數人都想擁有「愛情」，單身的人嚮往愛情的夢幻、浪漫，卻沒有想到戀愛必須面對許多的不確定、猜疑、不信任，甚至可能因此受傷。試想，如果人類設計出一種按鈕，讓你一按就能夠確定對方的心意，你會按下按鈕嗎？

　　接下來，讓我們以愛情按鈕作為背景議題，一同認識「邏輯推論結構」，學習分析一項「主張」背後的一系列「理由」「支持」，歸納出隱藏在文字中的因果關係。

知性模擬試題

人是怎麼確認對方對自己的情感的呢？或許深邃的雙眼能讓你知道他對你的情感，佛前的誓言能讓你知道他愛你的決心，緊握你手心的溫度能讓你知道他此刻的熱情。然而，這些並不百分之百準確，否則從古至今也就不會有那麼多曠男怨女的故事了。

假使世界上能有一顆按鈕，只要按下就能知道對方愛你的程度，你按還是不按呢？人們在愛情中的不安全感、患得患失，往往就是來自於對於情感的不確定，為了猜測對方的心意，我們耗費了青春、耗費了心力，最後卻有可能得到完全錯誤的答案。愛情之所以讓我們這麼累，就是因為這樣的誤會，耗盡了我們生命中的一切資源與力量。付出了這麼多，最終卻沒有結果，那種心有不甘、那種怨憤委屈，都化作一句「早知道你是這樣的人，我就不會愛上你了」。受傷的一方，希望自己「早知道」，知道自己不必落得一場空，也希望一開始就知道對方有多愛自己。

這顆按鈕，不是為了要知道自己是不是夠好、是不是要改進，而是要能及早弄清楚對方到底是怎麼想的，有些事情可以努力，但不是每件事情努力都會有好的結果，如果及時弄清楚狀況，我們就能知道對這段感情到底該不該放手。

想一想，誰願意虛擲光陰與情感在一段錯誤的感情之中？按下這顆按鈕讓你知道對方的情感，你才能毫無保留投入一段感情之中，帶這段感情走向更美麗的未來。

請分項回答以下問題。

問題（一）：整篇文章可以歸納為下列樹狀圖，請根據文章內容，完成該圖表未填的「推論過程」，可以段落敘述或條列回答。文長限 80 字以內（至多 4 行）。（占 4 分）

4
科技冷漠
表格題：
找出歧異，
橫推直看。

5
感情按鈕
存在論
推論題：
歸納因果關係。
利用表格，

6
循環經濟
論說題：
開放式
萬用的論述架構。

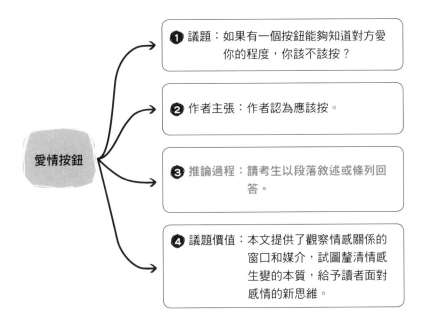

❶ 議題：如果有一個按鈕能夠知道對方愛你的程度，你該不該按？

❷ 作者主張：作者認為應該按。

❸ 推論過程：請考生以段落敘述或條列回答。

❹ 議題價值：本文提供了觀察情感關係的窗口和媒介，試圖釐清情感生變的本質，給予讀者面對感情的新思維。

愛情按鈕

　　問題（二）：「主觀的認知會決定我們對於事物的感受。例如：若將『失戀』解讀為失敗、無價值、被遺棄，那麼『失戀』就是負面的。若解讀為成長、體驗、認識自己的途徑，則是正面的。」試結合此一認知歷程，評論上文之內容。文長限 450 字以內（至多 19 行）。（占 21 分）

迅速組織文章

解題關鍵 由樹狀圖可知，作者主張按下愛情按鈕。**我們必須先找出作者「主張」按下按鈕背後的「事實」，再進一步推敲「理由」，加強「事實」與「主張」之間的因果關係連結。**這一系列的推論，就是「推論過程」。答題時如果只有闡述「事實」、「作者主張」而未舉出理由和證據，就無法拿到高分。

a. 思維地圖

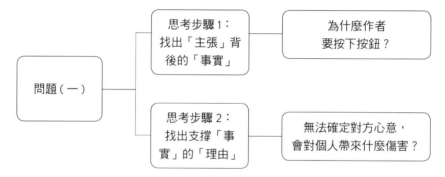

問題（一）

思考步驟1：找出「主張」背後的「事實」 → 為什麼作者要按下按鈕？

思考步驟2：找出支撐「事實」的「理由」 → 無法確定對方心意，會對個人帶來什麼傷害？

b. 篇幅結構搭建

1. 開頭先點出「事實」。
2. 利用「因為」二字帶出「理由」。
3. 再以「所以」二字導出作者的「主張」，完成推論過程。

寫作示範

範例一

作者因不確定的愛情而患得患失，因此想弄清楚，然而卻弄不清楚，其中的誤會使得作者心累，因此作者認為要使用按鈕以避免誤會。（59字） 待加強

評語：本文對文本的理解度和敘述完整性不足，以致於句意模糊破碎，多有缺漏。文本的內容，是作者觀察愛情關係後的分析與解讀，但本文表述為「作者因不確定的愛情而患得患失」，使人誤會這是作者的愛情故事，降低了客觀分析的可信度；另外，「想弄清楚」卻「弄不清楚」的對象是什麼？「使用按鈕避免誤會」一語，誤會又是從何而來？本文似乎很難表達清楚自己的思維。

範例二

在一個患得患失的愛情中，許多人想搞清楚狀況，卻又弄不清情況，而使愛情充滿了誤會，導致一場很累的愛情，所以應該按下按鈕，知道對方到底是否愛你。（70字） 待加強

評語：本文判斷作者的主張和主張的作用，極為正確。「按下按鈕」等同於知道「對方是否愛你」，由此可知，文本已掌握了基本的推論邏輯。然而，「患得患失」不是愛情的本質，而是「不確定性」所產生的一種結果，與「導致一場『很累』的愛情」，是相同的意思。換言之，本文的事實判斷不正確，犯了倒果為因的謬誤。

範例三

愛情裡的不確定性，導致我們患得患失。因此，為了解除不安全感，我們設法搞清楚狀況，然而卻因為這樣不信任對方的行為而造成愛情裡的誤會。最終因為誤會而心累，所以主張按下按鈕，避免不必要的心力被浪費。（96字） 　**中等**

評語：本文作答的目的，是補充樹狀圖缺少的「推論過程」，而「推論」是屬於文本作者的，不是答題的人。因此，開篇表述「事實」時，應加上「經作者觀察」或「作者認為」，明確意見歸屬。否則「我們」二字一再出現，容易讓人誤以為是答題者自己的看法。

範例四

❶作者認為愛情充滿不確定性。

❷為了避免浪費時間，人們總想搞清楚對方的心意。

❸付出一旦沒有結果、期望落空，人們會陷入懊悔和自責。

❹因此，作者認為應該按下按鈕，消除愛情不確定性造成的負面影響。（94字） 　**佳作**

評語：本文採條列回答，從第一至第四項，分別說明「事實」、「理由」、「證據」和「主張」。敘述精準，邏輯按逐條開展、次序井然，是不可多得的佳作。

詳解

思考步驟 1 找出「主張」背後的「事實」

為什麼作者主張要按下按鈕呢？解題第一步，我們要先篩出文本裡關於「按鈕」的描述，由此找出「主張」背後的「事實」：

如果世上能有一顆按鈕，只要按下就能 知道 對方 愛你的程度，你按還是不按呢？

這顆按鈕，不是為了要知道自己是不是夠好、自己是不是要改進自己，而是要能及早弄清楚 對方 到底是怎麼想的

按鈕被按下的時刻，讓你 明白 雙方真正的 情感 。

如果能有一顆按鈕讓你 知道 對方 的 情感 。

如果世上能有一顆按鈕，只要按下就能 知道 對方愛你的程度，你按還是不按呢？人們在愛情中的不安全感、患得患失，往往就是來自於對於 情感 的 不確定 。

上述敘述中，不難發現「知道」、「對方」、「情感」數組詞彙屢次出現。由此可知，**按鈕的目的在於「知道對方的情感」以及「對於情感的不確定性」**。

將「事實」和「主張」串起後，我們可將這層關係簡單描述為：「因為情感的不確定性，所以作者主張按下按鈕。」

為了加強「主張」和「事實」之間薄弱的因果關係，我們需要進一步追查：情感的不確定，會造成的影響和損失。「不確定性」會帶給個人什麼傷害？

a.「理由」：可能浪費時光

我們可從以下兩條敘述，找到不確定帶來的傷害：

為了 猜測 對方的心意，我們 耗費了青春 、 耗費了心力 ，最後卻有可能得到完全錯誤的答案。愛情之所以讓我們這麼累，就是因為這樣的 誤會 ， 耗盡 了我們 生命中的一切資源與力量 。

如果及時 弄清楚 狀況，我們 就能知道 對這段感情到底 該不該放手 。

可以看出，作者認為「不確定」的代價就是**浪費自己的人生時光**，所以主張應該按下按鈕。

b.「證據」：期望無法滿足

上述「理由」是否成立、是否真實？我們還要進一步挖掘作者支持「浪費時光」的現實證據：

付出 了這麼多，最終卻 沒有結果 。那種 心有不甘 、那種怨憤委屈，都化作一句「早知道你是這樣的人，我就不會愛上你了」。在感情受傷的一方，希望自己「早知道」，知道自己 不必落得一場空 ，也希望一開始就知道對方有多愛自己。

由上文可知，作者認為「不確定性」不只會浪費時光，浪費時光背後還隱藏著「期望破滅」的風險，最終把人推入許多負面情緒，例如：不甘心、怨憤。

∽ 結論 ∽

最後，我們統合思考步驟一、二的分析，重構文本的推論過程如下表：

因	支持		果
事實	**理由**	**證據**	**主張**
不確定對方是否愛自己	如果對方不愛，就是浪費我的時間	如果對方不愛，將面臨「期望破滅」的風險	因此，作者主張按下按鈕

∽ 寫作祕笈・知性招式 5 ∽

推論題：利用表格，歸納因果關係

　　推論的概念主要由「事實」、「主張」、「理由」、「證據」四大元素組成。一篇文章的推論，可能分散在各處，不容易直觀的發現，因此，運用表格梳理推論邏輯，歸納因果關係，無疑是最高效的手段。以本題為例，「作者主張按下按鈕」的背後，除了「事實」之外，還有一系列的「原因」和「理由」。寫作前藉由整理表格，更能精準敘述，次序井然地展開邏輯論述。

迅速組織文章

解題關鍵 題幹強調「結合此一認知歷程」並「評論上文」。因此在評論之前，首先必須理解題幹與文本雙方觀點的基礎和差異。再者，進行評論時，必須明確寫出自己的「立場」。最後，我們必須提供「理由」和「證據」，以強化立場。只要掌握上述三步驟，即能完整答題。

a. 思維地圖

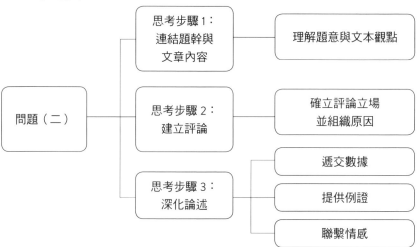

b. 篇幅結構搭建

第一段	先提取文本的認知，再表明自己的立場。
第二段	為自己的立場提供理由、原因。
第三段	舉例證明自己的立場和理由。
第四段	總結前文，展現個人立場的價值與意義。

❧ 名言佳句運用 ❧

❶ 使所愛的人快樂，便是得了報酬。（巴爾扎克）

❷ 對我所愛的人保持信賴與沉默。（盧梭）

❸ 草率的婚姻少美滿。（莎士比亞）

❧ 推薦閱讀書籍 ❧

❶ 周慕姿：《關係黑洞：面對侵蝕關係的不安全感，我們該如何救贖自己？》（商周）。

❷ 夏目漱石：《夏目漱石愛情三部曲》（大牌出版）。

❸ 契訶夫：《關於愛情：契訶夫小說新選新譯》（櫻桃園文化）。

❹ 張愛玲：《傾城之戀》（皇冠）。

❺ 張曼娟：《海水正藍》（皇冠）。

❧ 推薦影片 ❧

❶ 愛情數學

❷【幸福號列車】訪問《關係黑洞》作者、諮商心理師周慕姿談《關係黑洞》

❸《奇葩說第5季》第8期辯題：有個按鈕能看到伴侶有多愛你，要不要按？

問題（二）
寫作示範

臺北市立大同高中　蔡昕庭

　　愛情容易產生誤會，而在弄清楚對方心意時，卻有可能因對方的認知不同、看待事情的角度不一，導致更加患得患失的愛情。

　　我認為每個人對事物的認知都不盡相同，源於家庭背景、興趣喜好、生活經驗等，所以在弄清楚對方心意的過程中必定有眾多的磨合、爭執，以及無可避免的誤會。從相遇之初，理解的曲折便展現在眼前。然而，有情人最終能夠相知相惜，這美好的結果若沒有這一段曲折的砥礪和磨難，也極難醞釀而出。

　　作者將釐清心意的願望，寄託在一顆按鈕上。但是，弄清楚對方的想法才能有一段好的愛情嗎？我並不這麼認為。我反而覺得這是一種不信任，不僅僅是懷疑對方，也是對自己無法堅持、缺乏勇氣的無能為力，找一個下台階罷了。

　　何不信任對方？有誤會就試著解開，以諒解和體貼一遍又一遍地達成最佳共識，不必這麼現實的探究對方到底愛不愛我。就像我的同學，每天跟他男朋友的簡訊中總還是會提到你愛不愛我類似的話語。我認為這與弄清楚對方心意一樣是不信任，他們最後也是常常吵架，最後以分手收場，而那些每天的確認似乎也無力挽回脆弱的關係。

　　想要一場無怨無悔的愛情，而不是患得患失的愛情。我想最重要的便是信任，在每一個人都有自己的價值和認知時，選擇尊重認知差異，並且想辦法求同存異，才有可能讓毫無關係的陌生人，最終走在一起，走到永遠。（534字）

賞析

本文抓住「信任」一詞，從情感的本質和經營的長久面向，反駁文本藉由按下按鈕以釐清心意的觀點。

文章首段先提取文本的認知：「情感的不確定導致患得患失」。緊接著提出個人的立場，客觀分析「認知不同」本就是不可改變的事實，藉此暗諷按下按鈕的決定只是「治標不治本」。

進入文章中段，作者以「信任」為論述核心，強調信任的基礎在於願意持續付出，直至關係改變得更好。反觀選擇按下按鈕的這個決定，不僅自私，更沒有承擔風險的勇氣。作者同時藉由朋友的親身經歷，用以說明「弄清心意」並不能「增加信任」的事實。故事雖短，卻緊扣「信任」核心論點。

文末，作者再次重申立場，並且總結出「求同存異」是愛情裡的最大公約數，也是經營長久關係的不二法則。收束精闢，發人深省。

問題（二）
詳解

思考步驟 1 連結題幹與文章內容

題幹要求「結合此認知歷程」進行評論，「結合」二字，表示融入「某一觀點」在評論之中。因此，我們必須先連結題幹的觀點和文章內容，作為後續評論的基礎。

首先，我們試著先梳理題幹裡關於「認知歷程」的敘述：

若將失戀 解讀 為失敗、無價值、被遺棄，則是負面的。
若將此 解讀 為成長、體驗、認識自己的途徑，則是正面的。

再來，我們可以將題幹的觀點融進文章內容：

若將情感中的不確定性，解讀 為耗費青春、心力，則是負面的。

綜合上述，我們可以發現事件與感受沒有絕對的必然關係，如何「解讀」才是重點。同樣一件事，從不同角度「解讀」，就可以得出不同的結論和感受。

思考步驟 2 建立評論

評論前要特別注意：題幹只能用以說明「認知決定感覺」的中性觀點，並沒有特定立場。因此，我們在答題時，仍要有自己的立場，作為評論的依據。

a.確立評論立場

評論一件事，最重要的就是先確立自己是「同意或反對」。我們可以依據自己的判斷和理解，選擇「同意」文本要按下按鈕的立場，還是「反對」按下按鈕。

b.提出原因

若同意文本立場，理由的書寫方向可由「時間」、「機會」切入：

❶ **「時間」**→若不能及時釐清「不確定性」，不僅真心投入的一方枉費苦心，拿不定主意的另一方也是虛度時間。以時間成本來考量，應避免無謂的浪費和投資。

❷ **「機會」**→由於「情感的不確定性」，也增大了改變現狀的困難。想堅持，又怕沒有結果；想放棄，又擔心錯過至愛。因此，若能及時確認當前心意，至少提供自己決定是否「脫離／參與」一段關係的機會。

若**不同意**文本立場，理由的書寫方向可由「信任」、「成長」切入：

❶ **「信任」**→愛情確實充滿了「不確定性」，不過也正因為如此，雙方才能在模糊的試探和理解中，達成逐漸明晰的信任。按下按鈕，能消除當前的迷霧，但信任的基礎並不會因此而厚實。

❷ **「成長」**→任何關係都是一種學習，愛情也是如此。面對愛情的「不確定性」，我們更能從中學習該怎麼愛、如何妥協、怎麼建立彼此的共識。

無論同意與否，在確認立場後，我們必須有支持自己看法的理由。同時，為了避免理由過於薄弱，評論時最好找出兩個以上**不同性質、不同層面**的原因，拓寬評論的面向。

思考步驟 3 深化論述

我們還可以透過以下三個方式：數據、例證、故事，增加論述效果。

a.遞交數據

想要博得青睞與信任，我們必須建立評論的可信度。若能提出相關「數據」（如年度離婚率、平均結婚年齡等），說明情感關係的各種狀態，有助於讀者理解現實和論述基礎。

b.提供例證

　　為了避免原因空泛，書寫時最好能在提供事實作為個人看法的證明。例如婚姻諮詢師、婚前輔導等相關產業日益蓬勃的現象，其實與「必須弄清心意」的初衷相似，可以成為闡釋「必須弄清心意」的積極面。

c.聯繫情感

　　最常見的說服技巧是鋪排大量證據，以理服人。但試著改換論述策略，透過書寫故事打動對方，也能達到爭取認同的效果。好故事的類型有許多，但最能引發同理、凝聚感染力的莫若「親身經驗」。此外，還有一類故事是屬於大眾記憶的，例如《鐵達尼號》、張愛玲的《傾城之戀》等。書寫時，必須掌握故事人物對彼此情感關係的認知和變化，找出契合自己立場的共鳴點。

⁂ 結論 ⁂

　　我們必須先理解題幹的意思：即事件與感覺沒有必然的對應關係，「認知」才是調節兩者的關鍵。評論之初，務必先說明個人的立場是否與之相同，並說明「原因」，最後試著引用「數據」、「例證」和「故事」，從情理兩面增加「原因」的可信度。

4
科技冷漠
表格題：
找出歧異。
橫推直看，

5
感情按鈕
存在論
推論題：
歸納因果關係。
利用表格，

6
循環經濟
開放式論說題：
萬用的論述架構。

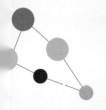

知性概念 **6**

循環經濟
（循環圖分析）
難易度／★★★★★★★

　　近年來流行的「循環經濟」概念，是指將植物「循環再生」的特色放入經濟體系中，創造降低汙染的生產和消費模式。歐盟於 2012 年簽署了循環經濟宣言，自此，世界吹起環保的消費模式。然而，上述理念是否確實有讓環境得到更好的保護？還有待更進一步的觀察與檢討。

　　接下來，我們將從「循環」這項議題出發，以困難的開放式論說題型為例，學習建立一套萬用的論述架構，來系統性地歸納、組織龐大的寫作材料。

科技部《「荷蘭循環經濟考察團」出國報告》一文指出：「歐盟自 2012 年簽署循環經濟宣言後，歐盟許多國家皆將循環經濟納入政策規劃，其中荷蘭更認知到其必要性及前瞻性，第一個將循環經濟付諸行動，更是目前有最多創新、實驗案例的國家之一。」以下甲圖是循環經濟概念圖，乙表則是歐洲各主要國家廢棄物總產量的統計。

甲圖：循環經濟流程圖

國別／年度	2011	2012	2013	2014	2015
荷蘭	9,479.00	9,203.00	8,840.00	8,895.00	8,855.00
瑞典	4,246.24	4,285.09	4,326.07	4,246.28	4,376.53
英國	31,066.06	30,413.35	30,890.25	31,130.99	31,567.33
德國	50,237.00	49,759.00	49,570.00	51,102.00	51,046.00

乙表：主要歐洲國家的廢棄物總產量❶

單位：千噸

閱讀左頁圖、表後，請分項回答下列問題。

問題（一）：從甲圖可以知道，循環經濟的主要精神，在於

❶ 開採階段：合理的取用自然資源。

❷ 製造階段：將資源投入可持續循環的產業系統中，改變過往「開採→製造→使用後處理和棄置」的傳統線性經濟，降低非必要的消耗。

❸ 消費階段：消費者支持對環境友善的製造商。

❹ 回收階段：達成減廢、減汙。

這些循環經濟的理想固然美好，可是一旦對照乙表格的結果，兩者便產生矛盾。請指出矛盾處並推估原因。文長限 120 字內（至多 4 行）。（占 4 分）

問題（二）：循環經濟的立意良好，但推行中難免遭遇阻礙，顯示革新的腳步是緩慢且艱鉅的。事實上，不僅環保領域如此，其他領域也大抵相同。請就所知，以某一領域的改革為例，深究改革過程之困難，舉出數個阻礙改革的因素，並說明之，文長限 450 字以內（至多 19 行）。（占 21 分）

---

❶　出自政策指標研究資料庫 https://pride.stpi.narl.org.tw/index/v3/internationalComparison/19。

迅速組織文章

解題關鍵 依題幹的敘述，甲圖和乙表的對照顯然存在「目標與現實」的落差。因此，如何從乙表的數值揭開「減廢」成效不彰的真相，進而在循環經濟圖中找出線索、推想矛盾發生之因，即是答題重點。

4
科技冷漠
表格題：
找出歧異。
橫推直看，

5
感情按鈕
存在論
推理題：
歸納因果關係。
利用表格，

6
循環經濟
萬用的論述架構。
開放式論說題：

a. 思維地圖

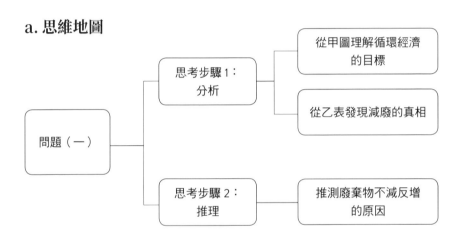

問題（一）

思考步驟1：
分析
— 從甲圖理解循環經濟的目標
— 從乙表發現減廢的真相

思考步驟2：
推理
— 推測廢棄物不減反增的原因

b. 篇幅結構搭建

　　先梳理循環經濟的因果關係鏈條，說明甲圖與乙表的矛盾。再由循環經濟流程圖中，就❶ 開採、❷ 製造、❸ 消費和❹ 回收四大層面，推想導致目標不符期待的原因。

範例一

乙表裡各國的廢棄物量不減反增，與循環經濟的想法相互矛盾。主要原因是這些國家都沒有好好落實循環經濟的理念，只是喊喊口號而已。（61字）　待加強

評語：本文有注意到乙表與甲圖之間的落差，但「想法」二字的表達太籠統，應改為「減廢的目標」較為精準。此外，推估原因應回到循環經濟圖上客觀分析成因，不宜過度情緒化的指責，不僅沒有解答問題，反倒顯得不理性、偏激。

範例二

自2012簽署循環經濟宣言後，歐盟會員國都朝「減廢」這個目標努力。但對照乙表的廢棄物總產量來看，結果似乎與目標相違背。之所以會造成目標與結果的矛盾，可能的原因是政府不夠積極宣導，消費者不願意配合等。（96字）　中等

評語：本文明確指出2012年簽署宣言後，各國廢棄物總產量的結果與理念相互矛盾，這段敘述精確到位。但是，分析可能原因的面向仍稍嫌狹隘，除了政府、消費者之外，也應該檢討製造和回收兩個環節。

4
找出政見
橫排直看，
大格局。

5
屏棄提連
有意論
推翻題，
利用表格，

範例三

循環經濟的目標在於減少廢棄物，但各國廢棄物總產量不減反增，結果與預想相互矛盾。推估造成廢棄物總產量增加的可能原因，有以下四種：源頭開採增大、製造商落實不力、回收技術待提升和消費觀念落伍。（93字）　　**佳作**

　　評語：本文精準提取目標與結果，以「不減反增」四字，說明兩者的矛盾癥結。分析原因時，又能通盤掌握循環經濟圖的各個重要環節，列舉可能產生缺失的原因，用詞一針見血，簡明扼要。

問題（一）
詳解

思考步驟 1 **分析**

　　首先，我們要怎麼從圖表找出答題線索呢？

　　題組所引用的政府部門出國考察報告，是考察者對以荷蘭為首的歐盟循環經濟體系的理想觀察。然而，這種「觀察」顯然不符合客觀的「數據、資料」，而矛盾和潛在的原因，就藏在資料當中。解題時，應從敘述中提供的年份（2012）、例證（荷蘭、歐盟）和解釋（循環經濟），作為組成答題線索的關鍵。

a.從甲圖理解循環經濟的目標

　　以甲圖對比題幹描述的傳統線性經濟流程，不難發現「回收」這個區塊，將傳統線性經濟裡「開採」、「製造」與「消費」連結成一個完整的

循環關係，表示過程中產生的消耗品、可回收物能再次循環利用，達到「減廢減污」的目標。然而，**上述目標和乙表格的廢棄物數據變化是否相符，就是觀察重點。**

b.從乙表發現減少廢棄物的真相

以題幹指出的 2012 年為基準，觀察乙表的廢棄物總產量變化，如下圖：

年度比較基準

國別／年度	2011	2012	2013	2014	2015
荷蘭	9,479.00	9,203.00	8,840.00 ⬇	8,895.00 ⬇	8,855.00 ⬇
瑞典	4,246.24	4,285.09	4,326.07 ⬆	4,246.28 ⬇	4,376.53 ⬆
英國	31,066.06	30,413.35	30,890.25 ⬆	31,130.99 ⬆	31,567.33 ⬆
德國	50,237.00	49,759.00	49,570.00 ⬇	51,102.00 ⬆	51,046.00 ⬆

從荷蘭的數值變化，可以得出一個結論：2012 年起施行循環經濟後，初始幾年在減少廢棄物生產量上有顯著的功效，但後續幾年則表現疲軟。再進一步觀察表格裡其他三國的數值變化，可以發現瑞、德、英在 2015 年的廢棄物總產量，都較 2012 年簽署循環經濟宣言前明顯增加許多。

綜合上述比較，不僅荷蘭的表現不符預期外，其餘三國的廢棄物數值都沒有達成減廢的目標。

　　找出甲圖和乙表的矛盾後，我們又要如何從題目中找出線索，解釋廢棄物增加的原因呢？

　　其實，各國政府無法達成減廢目標的原因，可能有無數種，答題時不可能一一列舉，只要掌握已有資料進行推理即可。我們可以從題目提到的四個階段著手，分別是：❶ 開採階段、❷ 製造階段、❸ 消費階段、❹ 回收階段。如下圖解釋：

甲圖：循環經濟流程圖

❶ 因為源頭開採增大

　　源頭開採的總量控管，事實上才是直接影響廢棄物量的第一因素。若「開採量增大」，可能會導致循環經濟無效或施行不力。

❷ 因為製造商落實不力

製造商若要轉換為更符合循環經濟體系的生產模式，必然要打破舊有模式，這種改變勢必加大成本的支出，如果製造商在生產過程中，無法自主把關、落實循環經濟，將是左右廢棄物總產量增加的不確定因素。

❸ 因為消費觀念落伍

消費者也是影響循環經濟能否成功的因素之一。舉例而言，消費者若不能支持對環境友善的製造商，認同理念並參與到循環經濟體系中，則「劣幣驅逐良幣」的效應就會發酵，而循環經濟體系發展的速度也將會遲滯。

❹ 因為回收技術待提升

回收技術是否能有效將廢棄物分解後再製，也是廢棄物總產量能否下降的關鍵。

❧ 結論 ❧

圖與表分別顯示歐洲循環經濟的「理論目標」和「現實結果」存在矛盾。透過思考步驟一：比較，即能發現理論和現實的落差；再透過思考步驟二：檢視與推理，找出未能達成理論目標的 4 個可能原因。

問題（二）
迅速組織文章

解題關鍵 題幹雖然不設限選題範圍，但建議由大眾較熟悉的歷史事件、社會議題、科技發展、制度變革來著手，進一步在分析阻礙的環節上採多重視角論述，展現洞察、表述力。

a. 思維地圖

b. 篇幅結構搭建

第一段	說明議題與提供革新背景：介紹議題和說明背景。
第二段	引出爭議：爭議點是什麼？舉例說明。
第三段	分析阻礙：阻礙的因素有哪些？
第四段	總結：歸納前述論點，提出建議辦法。

❧ 名言佳句運用 ❧

❶ 科學的偉大進步，來源於嶄新與大膽的想像力。（杜威）

❷ 道在日新，藝亦須日新，新者生機也；不新則死。（徐悲鴻）

❸ 保守是舒服的產物。（高爾基）

❹ 錯誤禁不起失敗，但真理卻不怕失敗。（泰戈爾）

❧ 推薦閱讀書籍 ❧

❶ 亞當‧明特：《廢物星球》（重慶出版社）。

❷ 黃育徵：《循環經濟》（天下雜誌）。

❸ 克雷頓：《創新的兩難》（商周）。

❹ 華特‧艾薩克森：《創新者們》（商周）。

❧ 推薦影片 ❧

❶ 天下雜誌：荷蘭 　❷「循環經濟」 　❸《財經人物週刊》
　奇蹟，循環經濟 　　為台灣找出路 　　20180402 馬斯克
　　　　　　　　　　　　　　　　　　　「太空冒險家」|
　　　　　　　　　　　　　　　　　　　CCTV 財經

問題（二）
寫作示範

4
科技冷漠
表格題：
找出歧異。
橫推直看，

5
感情按鈕
存在論
推論題：
歸納因果關係。
利用表格，

6
循環經濟
開放式論說題：
萬用的論述架構。

臺北市立大同高中　駱子萱

在台灣，即使有行動支付的方式，使用者卻是少數，絕大多數人的付費方式仍是現金、悠遊卡和信用卡。但在歐洲語系國家和中國大陸，這項技術已然普遍使用，無論百貨公司、超市、抑或隨處可見的路邊攤，都有它的蹤跡。因此，人們出門再也不必帶上厚厚的一疊鈔票和卡片，行動支付解除了出門的不便和結帳的時間。

然而，試想行動支付在本國並不盛行的原因可能有經濟上、政府政策上、和國民使用習慣等面向。在台灣，並非每個家庭都有能力負擔人手一支手機。這個條件，無疑侷限了行動支付的普及面；另一方面，現在的政府也未大力倡導行動支付，從公共政策、公股企業等眾多觀察角度，都可以發現政府對此沒有推廣、加強宣導的決心。綜合上述兩者，國內的消費者仍然慣於使用舊有的支付模式，對於新制度陌生且使用不夠方便、安全等疑慮，大大消減這項新技術普及的可能性。

「行動支付」本應是因應科技進步，使生活更加便利的全新消費創新模式，若能在台灣各地多加推廣，透過政策宣導和商家友善提供多元平台，就能創造更合宜的行動支付環境；此外，中低階手機若也能搭配行動支付技術，就能促使使用者全面上升，令大眾都有行動支付的工具。使用這項技術，未來可以減少印製紙幣的資源，省下結帳時間，也能避免出門沒帶錢的尷尬情形。

（518字）

～∽ 賞析 ～∽

作者於開篇即切入議題，從「台灣使用行動支付者是少數」作為問題中心，並比較相對發展迅速且普及的歐語系國家和中國大陸，暗示了行動支付是當代消費轉型的趨勢。言下之意，台灣未能跟上這波革新的潮流，不僅可惜，其中必然有深入討論的空間。

次段分析阻礙行程的原因，就經濟面、政策面、使用習慣面三方向探析。提綱挈領式的論述，予人清晰明確感，脈絡有跡可循。雖然未能結合具體的數據、資料證實分析的正確性，但站在普通觀察者的視角，仍相當具有說服力。

末段在結束議題的討論前，給予正面積極的建議，從政策的推廣和商家配合落實的上下之間的結合層面，提供完整且友善的行動支付平台，促使消費者多接觸認識，進而改變當前轉型停滯的困境。這段建言，極有參考價值，亦呼應開篇議題，首尾一貫，結構扎實。

問題（二）
詳解

思考步驟 1 選擇議題

首先，有哪些改革議題可以當作寫作案例呢？我們可以從下頁舉出的六個方面思考，分別是政治、歷史、科學、文學、社會制度、經濟。

4
找出政異
橫推直有
大倡和

5
感情接搬
存在論
地歸推：
歸納因果關係
利用表格，

6
循環經濟
萬用的論述架構
開放式論說題：

政治	歷史	科學
・新南向 ・核能 ・東奧正名	・變法 ・革命 ・黑奴	・日心說 ・基因編輯 ・人工智慧

文學	社會制度	經濟
・古文運動 ・白話文運動	・年金改革 ・一例一休	・UBER ・行動支付 ・循環經濟

思考步驟 2　建立論述架構

選擇好議題後，我們又該如何有條理地闡述改革的困難處？

以下，我們建立了一套論述架構，能夠提供闡釋、分析、組織、歸納的技巧，適用於多種論說文題型。

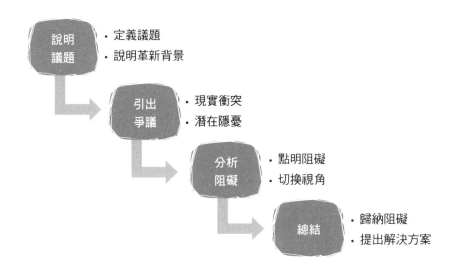

接下來，我們試著依據前述的文章架構，以「大數據議題」為例，撰寫一篇範文，示範如何說明革新的困難及爭議：

說明
議題

　　隨著資訊時代的來臨，數據量正以驚人的速度生產，如何有效處理、分析數據，以滿足詭譎多變的世界和層出不窮的新問題，就是大數據分析應運而生的背景。然而，在大數據分析的快速發展背後，潛在著安全性風險和個人隱私的擔憂，公眾隱私權的保護和防範風險的呼籲聲浪正不斷增高。

引出
爭議

　　近年來，大數據引發爭議的事件不勝枚舉，最著名的莫過於被控操縱 2016 年美國總統大選的劍橋分析公司。該公司經由非法交易取得龐大的用戶資訊，數據源於臉書上經常出現的心理測驗。劍橋分析公司取得數據後，透過一套人格分析模型，分析用戶點讚的次數和偏好，除了精準判斷用戶人格樣貌外，也能預測一個人的藥物使用傾向、政治立場和身體健康等。此後，劍橋分析公司再經由臉書等各種社群平台，對特定選民投放不實消息、煽動輿論，影響美國總統大選。

分析
阻礙

　　就上例而言，我認為數據技術改革的阻礙有二：第一，個資控管的安全性；第二，用戶選擇權被綁架。首先，服務供應商對用戶資訊應善盡保護義務。用戶的授權既是契約委託，也是信任，若服務供應商無法建立安全的系統，一旦個資外洩，勢必面臨品牌形象、誠信危機。其次，個人的自由意志將面臨巨大挑戰。網路已深入現代生活，大量資訊湧入，進而影響使用者的認知和判斷。我們日常生活的食衣住行、喜好習慣，都有可能被隱形的賣方、製造商操控，而身陷其中的我們卻渾然不覺。

綜合前述所論，如何安全控管個資和尊重用戶選擇權，正是推動大數據分析改革之際所伴隨而來的阻礙。因此，如何能將「大數據分析」這把雙面刃的傷害降至最低，並善用新技術優勢為人類生活、經濟發展開拓全新的面貌，仍有待政府訂定相關法規，監督企業取用資料的合法與公平，並加強使用者保護個資意識。

4
科技冷漠
表格題：
找出歧異
橫推直看，

5
感情按鈕
存在論
推論題：
歸納因果關係，
利用表格，

❧ 結論 ❧

本題涵蓋範圍極廣，建議先從大方向思考，如科技、制度、技術、思想、權益等。不建議從過於褊狹、冷門的事件中尋找。題目考驗的不全然是知識的廣度，更著重於看問題的角度和深度。老問題新看法，亦是個好方向！選定議題後，務必完整掌握論述的結構、阻礙的分析、文末的歸納，這三方面直接影響文章品質。

❧ 寫作祕笈・知性招式 6 ❧

開放式論說題：萬用的論述架構

萬用論述架構的四大寫作順序，分別是：「說明議題」→「引出爭議」→「分析阻礙」→「總結歸納」。我們只要是碰到構成因素複雜、意見多元、具有衝突價值的議題類型，如貧富問題、性別爭議、環境與經濟的拉扯、傳統與現代對立，甚至是假設性的思想實驗「洞穴困境」、「列車難題」等，都可運用這個論述架構。

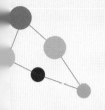

情意概念 **1**

走出困境

(陳依潔〈我的創業故事〉)

難易度／★☆☆☆☆☆

　　人生在世，會遭遇到各種不同的困難，即使目前的生活看似安穩，仍隨時都有可能面臨困境。面對困境，我們可以對抗，也可以逃避，但要能真正克服，就必須面對、解決問題。

　　接下來，我們將從「生命中的困境」談起，一同學習如何從題目中提取關鍵字，並以關鍵字作為答題時的寫作基礎。

情意模擬試題

　　2016 年的夏天，我想尋找機會到中國大陸發展。第一次到上海、泉州等地看市場，也認識了許多在當地工作的朋友。剛好中國大陸當時正推動大眾創業計畫，提供臺灣青年創業資金補助，我和朋友當下就決定一起到中國大陸試試水溫，看自己的遊學項目是否能順利在當地執行。

　　首站，我們來到廈門。一開始有許多不適應，包含語言、第三方支付、天氣等因素。即使如此，辦公室內的創業氛圍卻相當不錯，我看到許多極具創新力的創業模式。以往在臺灣，我認為創業不是特別難，只要有好的產品、好的品牌概念，不用半年就可以有初步的成果。有這樣的認知，再加上有了創業啟動資金方案的支持，我當時很心動，並且信心滿滿地覺得自己肯定可以落地成功。

　　創業初期，我們開始到處認識人脈、拜訪陌生的廠商。透過朋友介紹，得知一位廣州富二代正在尋找項目投資，初期透過網路溝通得非常順利，他的英語能力和當地人脈也是相當足夠的。後來我們見面了，也順利交接遊學資料、簽訂合約並開設公眾號（類似臉書的粉絲專頁）。一切談妥之後，我安排他們到各校參訪。當他們回到了廣州，卻透過朋友轉達希望將合作條件重新調整，把他們的利潤再往上調。我當時覺得震驚與挫折，在臺灣，簽約之後就可以開始執行後續工作，沒想到在中國大陸，對方卻能不顧合約重新調整利潤，導致最終破局，而我已給出去的資料就白白送給對方了。

　　除了對外合作的挫折外，我和伙伴們的關係也面臨著考驗。他們不是真正想做事業，而是為了拿到啟動資金來支應娛樂與旅遊，這和我決心苦幹實幹的走向是完全相反的。我們之間有了巨大的隔閡，雖然每天見面，卻是漸行漸遠，直到最後，剩下我一人。從小我就是一個特別耐得住苦、特別愛面子的孩子，所以在那段低潮，我只能不認輸的向前。我在沒有資金、人脈外流的情

況下，靠著教學能力打天下。有好幾次我從偌大的宿舍裡醒來，都得在床邊思索許久，問自己：「放下心中的怨懟了嗎？」我一次次問自己，卻始終過不去心中的坎。看到朋友的名字我都會緊張得無法呼吸，無法面對一個曾經如此熟悉，卻對妳冷漠、拉開距離，以保障自己假面具的那位朋友。

所幸，我開創了自己的管道，跟許多機構合作開展了新方案，也開始有了當地的教師群，設計有系統、符合當地需求的課程。創業的第一年，獨自一人在沒有方案、資金、人脈的狀況下自我摸索，那是最辛苦的一段時光。後來倒吃甘蔗，我開始學習放鬆心情，在適合的時間點做適合的事情。

總而言之，我認為是這段創業經驗讓我學習如何自我更新、找到自我的市場價值，也因此獲取了我人生中的第一桶金。現在想來，幸好我擁有靈活多變的性格、善於聆聽分析的邏輯思維，以及永不放棄的勇氣與信心，這讓我在第二輪創業更有機會，機會來自於：客戶對我品格的信任。也許未來我仍將繼續披荊斬棘，但是這一切都是為了更貼近自己熱愛的事業。

（陳依潔〈我的創業故事〉）

請閱讀上文，分項回答以下問題。

問題（一）：開創一項新事業時，人們往往會經歷「承襲、阻礙、突破、行動」等階段。試由上文，分析故事主角創業的四階段，文長限 120 字以內（至多 6 行）。（占 7 分）

問題（二）：美國詩人佛洛斯特（Robert Frost）曾說：「最好的道路就是穿越。」遭遇困境，我們總想迴避、對抗、忽略以維持原先的平穩狀態。然而，穿越困境有時卻也是告別困境的方法。請以**「脫困」**為題，寫一篇文章，描述你的經驗，並抒發心中的感受與領會。（占 18 分）

迅速組織文章

解題關鍵 當題幹給予明確的書寫路徑時，我們應該根據此一路徑歸類引文，再依篇幅的需要來縮寫引文。閱讀引文時，可用畫底線、加框等方式同步標出重點，加快分析時間。

a. 思維地圖

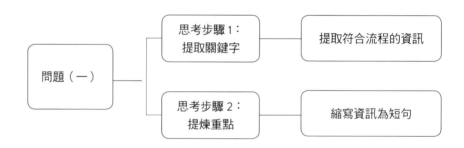

b. 篇幅結構搭建

　　從文章中分別提取符合題幹所列「承襲、阻礙、突破、行動」的內容，再根據關鍵字詞，進行縮寫、串連，就能完成一篇完整的短篇作品。

寫作示範

範例一

創業不是一件容易的事情，所以主角在創業時碰到了很多困難。他的創業一共有四個階段，首先是承襲，他承襲了以前的人創業的方法，但是卻碰到了阻礙。後來他靠著自己不斷努力，終於突破難關，成為了創業的行動家。（98字） 待加強

評語：本文花費過多篇幅再度詮釋題目，因此無法深入探討四個階段的內容。答題者雖然有完整提到四個階段的名目，但這些名目可以套用在任何創業故事，而非針對文本進行深度分析。

範例二

「承襲」，他認為創業不難。「阻礙」，他的創業不順、同伴離開、也碰到了不合理的公司。「突破」，他不認輸、堅持用自己的方式做事，最後得到成果。「行動」，用了以上的經驗，發展出自己的工作方法。這就是他遭遇的四個階段。（105字） 中等

評語：本文已稍能就文章內容進行分析、說明。然而，四個階段間欠缺連接，語句無法連貫、流暢地呈現引文創業的過程。雖有回答題目，卻忽略了**短文亦是一篇文章**的性質，稍嫌可惜。

範例三

首先是承襲，根據經驗，有好產品與好概念便能有初步成果；其次是阻礙，因遭遇毀約又與伙伴們理念不合，漸行漸遠。然而，在突破階段，作者試著開創新管道、新方案，越走越順。最後，行動階段，積極的人格特質使她能立足中國，開創第二輪創業機會。（114字）　　　　　佳作

評語：本文明確地指出引文作者創業的四階段。文中運用分號進行分隔，並恰當地以「然而」作為轉折，連接了前兩個階段，回答得很流暢。

範例四

過往創業不難，不到半年就有成果。作者想承襲過去經驗，合作方卻為利潤不顧合約條件而破局；伙伴只想拿資金，不想實際做事業，因而產生隔閡。此即作者的阻礙。隨後，作者獨力開創新管道、合作新方案、設計新課程，終能放鬆心情、突破低潮。最終靠著堅持與品格，作者在第二輪創業開展了新契機。（136字）　　　佳作

評語：本文用字精鍊，並運用了連接詞串連四個階段。同時，在精簡的字數內，還能夠將各個階段的歷程精確呈現，甚是不易，是一篇佳作。

詳解

思考步驟1 提取關鍵字

題幹明確提出了創業的四個階段，我們首先應該要釐清四個階段的意義，再從文中找到與之相符的語句，示範如下：

階段	創業意義	相應文句
承襲	以既有的方式處理問題	• 以往 在臺灣，我認為 創業不是特別難 ，只要有好的產品、好的品牌概念， 不用半年 就可以有 初步的成果 。
阻礙	舊的方法遭遇阻擋、妨礙	• 當 他們 回到了廣州，卻開始透過朋友轉達 希望將合作條件重新調整 ，把他們的利潤再往上調。 • 在臺灣，簽完合約之後就可以開始執行後續工作。沒想到在中國大陸，對方卻能 不顧 合約重新調整利潤 ，導致最終 破局 ，而我已給出去的資料就白白送給對方了。 • 他們 不 是真正 想做事業 ，而是 為了拿到啟動資金 來支應娛樂與旅遊，這和我決心 苦幹實幹 的走向是完全相反的。 • 我們之間有了巨大的 隔閡 ，彼此雖然每天見面，卻是漸行漸遠，直到最後，剩下我一人。

突破	調整做法、心態，突破阻礙	• 在那段低潮，我只能不認輸的向前。我在沒有資金、人脈外流的情況下，靠著教學能力打天下。 • 我開創了自己的管道，跟許多機構合作開展了新方案，也開始有了當地的教師群，設計有系統、符合當地需求的課程。 • 後來逐漸倒吃甘蔗，我開始學習放鬆心情，在適合的時間點做適合的事情。
行動	以新的方式創造成功	• 我擁有靈活多變的性格、善於聆聽分析的邏輯思維，以及永不放棄的勇氣與信心，這讓我在第二輪創業更有機會，機會來自於：客戶對我品格的信任。

思考步驟 2 提煉重點

　　找出關鍵字之後，我們又要如何串聯關鍵字、快速提煉書寫重點呢？其實，只要依據題幹給的流程提取相應的文句，刪除純描述的詞彙和形容詞，將關鍵文句縮寫成為短句，並用連接詞串連，就能符合題幹的字數要求，示範如下：

a.承襲階段

• 以往、創業不是特別難、不用半年、初步的成果

提取以上關鍵字後，刪除形容詞，再稍加連接就可成為短句：
過往創業不難，不到半年就有成果。

b.阻礙階段

- 他們希望將合作條件重新調整、不顧合約重新調整利潤、破局、他們不想做事業、為了拿到啟動資金、我苦幹實幹的走向、我們之間有了隔閡

首先，我們要用一個小短句來銜接前一個階段。要注意，文中出現兩次的「他們」，指的是兩群不同的人，在縮寫敘述時，**主詞**必須分別明確寫出來：

承襲過往的經驗，合作方卻為利潤不顧合約條件而破局。伙伴只想拿資金，不想實際做事業，因而產生隔閡。此即作者的阻礙。

c.突破階段

- 靠著教學能力打天下、開創了自己的管道、開展新方案、設計課程、學習放鬆心情

同樣地，善用連接詞，銜接前個階段，再進行縮寫：

隨後，作者獨力開創新管道、合作新方案、設計新課程，終能放鬆心情、突破低潮。

d.行動階段

- 靈活多變的性格、聆聽分析的邏輯思維、永不放棄的勇氣與信心、對我品格的信任

掌握到以上關於作者得以成功的關鍵字後，就可以迅速作結：

最終靠著堅持與品格，作者在第二輪創業開展了新契機。

e.小結

最後，我們組合、梳理以上縮寫的文字，就可以精準回答如下：

過往創業不難，不到半年就有成果。作者承襲過去的經驗，合作方卻為利潤不顧合約條件而破局，伙伴則是只想拿資金，不想實際做事業，因而產生隔閡。此即作者的阻礙。隨後，作者獨力開創新管道、合作新方案、設計新課程，終能放鬆心情、突破低潮。最終靠著堅持與品格，在第二輪創業開展了新契機。

1
走出困境
刪縮接串，提取關鍵字寫作。

2
老年的風景
將「需求金字塔」化為萬用題材庫。

3
衝突與理解
利用衝突，加強文章張力。

◇ 結論 ◇

答題時，我們可以直接提取與四個階段相符合的單詞、語句，稍加整合後就可作為回答的內容。

◇ 寫作祕笈・情意招式 1 ◇

刪縮接串，提取關鍵字寫作

遇到題目有提供明確方向、指定寫作架構，我們可以提取題目文章中的關鍵句，刪除形容詞等贅詞，接著縮寫為短句，並用連接詞串連，就能寫出一段符合題目要求的完美短文。

關鍵字通常出現在重點人物、重要行為、重要場景或最終結果上，畫記出這些關鍵，便能迅速掌握答題的關鍵。為了爭取答題時間，讀題時就應在文章上畫記，若能有多種顏色的筆記自然最好，但若只有一、兩支筆，可以用畫底線、圓圈、方框等方式標記重點，並在各個重點上標號，如此便能加快理解速度。

迅速組織文章

解題關鍵 注意「脫困」二字包含了「脫」的歷程，與「困」的遭遇，答題時必須掌握題目含意，以「困」為起點，逐步書寫「脫」的歷程。

a. 思維地圖

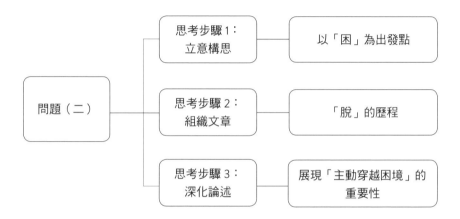

b. 篇幅結構搭建

第一段	書寫自己遭遇的困境及隨之產生的情緒。
第二段	利用承襲與阻礙階段，敘述自己的舊有行為模式，與遭遇相應而來的阻礙。
第三段	書寫突破阻礙的過程，並呈現自己的行動。
第四段	寫下行動與穿越困境的意義，作為全文的價值。

1
走出困境
提取關鍵字寫作。
刪縮接串，

2
老年的風景
將「需求金字塔」化為萬用題材庫。

3
衝突與理解
利用衝突，加強文章張力。

✖ 名言佳句運用 ✖

❶ 人之有德慧術知者，恆存乎疢疾。獨孤臣孽子，其操心也危，其慮患也深，故達。（《孟子·盡心上》）

❷ 古之立大事者，不唯有超世之才，亦必有堅忍不拔之志。（蘇軾）

❸ 一棵樹要長得更高，接受更多的光明，那麼它的根就必須更深入黑暗。（尼采）

❹ 困難要靠自己克服，障礙要靠自己衝破，在我的字典裡沒有「難」字。（拿破崙）

❺ 順境也好，逆境也好，人生就是一場對種種困難無盡無休的鬥爭，一場以寡敵眾的戰鬥。（泰戈爾）

✖ 推薦閱讀書籍 ✖

❶ 曾聯秋等：《平凡的力量：12位素人企業家從0到1的創業歷程》（知識流）。

❷ 林育聖（鍵人）：《聽說你在創業》（有方文化）。

❸ 陳文茜：《給逆境中的你》（印刻）。

❹ 梅格·潔伊：《非凡韌性：釋放傷痛，不再偽裝，從逆境中找到更強大的自己》（圓神）。

✖ 推薦影片 ✖

❶ 達賴喇嘛：困境中的快樂

❷ 父親的熱水哲學教你突破困境

❸ 李烈：逆境中的軟哲學

寫作示範

脫困

　　人的一生不免遭遇困境。玻璃上的蒼蠅，看來前途光明，卻絲毫不得突破，這曾是我的寫照。

　　從小，我就是一個充滿自信的人，總是使命必達，做事認真、迅捷，更重要的是——完美。師長滿意，同學仰慕。這不是憑空而來的，我自律、嚴謹、從不放縱，我也幽默，盡力不讓人覺得刺眼。我享受著他人的眼光，他們覺得我是優秀的人，我也自信地這麼覺得。

　　我想幫助更多的人，我有善意，也有能力做得到。我努力地參加校內外的比賽；也盡心教導同學知識、協助解題，希望讓彼此都有更好的成績；更努力爭取分擔老師的工作。雖然有時我也感到疲憊，但他們滿意的目光，讓我極有成就感！某個夜晚，家人不在，我對著寂靜獨處，突然對一切意興闌珊，只想癱軟在地上永遠不要起來。「怎麼了？」我問自己。一個人，在一切喧囂都隔在門外的此刻，我竟恐慌莫名。我不怕黑，也有喜歡的You-Tube頻道供我消遣，但為何我此刻竟像個沒有行為能力的嬰兒，只能在闃靜之中獨自感受心跳的顫抖？

　　淚水逐漸從眼眶中滿溢，不，這不對勁，這不是我，這不是平常樂觀積極的我，我得做點什麼！我衝到馬路上漫無目的地走著，向四周張望，慌亂如溺水的人想從四周抓住什麼。一位阿伯從便利商店走了出來，他點上菸，深深吸了一口——皮膚黝黑的他穿著無袖白汗衫，黑色至膝的短褲與藍白拖鞋，八字鬍與他的三分頭一樣，參差著不少白毛——白煙緩緩從肺中吐出。發現我

看他，他也看了我一眼，用整張臉的皺摺還我一陣笑容。他緩緩轉頭離去，鼻裡哼著台語小曲，手腕上掛著的塑膠袋裝了幾瓶飲料，隨著他的移動前後擺盪，哇啦哇啦地消失在轉角。

阿伯的微笑恐怕是我從來沒有過的表情，那種自在、自適的從容，更是讓我感到震懾的。許久以來，我為了成為人們口中優秀的人，滿腦盤算著的都是該如何好好表現，如何能夠讓更多人滿意。卻未曾想過，人們的眼光被我織成了一張透明的網，牢牢地鉗住自己的世界，我必須一直很優秀，成為他們的不可或缺。我坐上了優秀學生的寶座，那份光彩與榮耀卻成了我難以解開的困境，我將真實的自己甩出了網外，遺棄在人們看不見的某個角落。

再次打開家門，分針剛剛滑過十二點。「最好的道路就是穿越」，我這隻自信的無頭蒼蠅對是否能成功穿越這層透明的玻璃毫無把握，但當我明白他人的眼光不再是我唯一的追求，我已啟程，我已迎向告別虛華的道途。（930字）

1
走出困境

提取關鍵字寫作。

刪縮接串，

2
老年的風景

將「需求金字塔」

化為萬用題材庫。

3
衝突與理解

利用衝突，

加強文章張力。

❧ 賞析 ❧

本文由符合眾人眼中「積極、努力」的標準，走向打破他人眼光、為自己而活的真實意義，將文章突破為更為深邃的人生，清晰描繪出受到震懾而轉變的歷程。

首段以玻璃上的蒼蠅為巧喻，寫下了自身的寫照，頗為吸睛。第二段與第三段前半書寫得甚是平淡，僅用敘述的方式呈現出自己在眾人眼中的優秀與良善，卻在第三段中段開始讓情緒急轉直下。

眾人眼中的好人，還有什麼好悲傷的呢？第四、五段除了描述了自己的慌亂外，突然精緻地描寫了街角的阿伯，彰顯其平凡、自適的姿態與態

度，並藉此書寫為了吸引眾人眼光而失去真實自己的問題，將文章推入了新的境界。

文末則再點出了題幹引文與首段的比喻，首尾呼應。全文由平凡急轉直下，筆鋒由平淡走向深刻，是頗具設計感的一篇文章。

問題（二）
詳解

思考步驟1 立意構思

首先，我們要先思考「困境」有哪些書寫方向？

我們應先鎖定與自己生命經驗相關的議題，以挫折作為文章的基礎。以下提供5種發想方向，但困境並非壁壘分明，有更多時候是交互影響的。寫作時，可以依照生命經驗，調整自己的困境色盤。

a.先天困境

包括疾病、殘缺、性格、才能等困境。可改變的先天困境能藉由努力轉化，不能改變的先天困境則須以轉化心態、拓寬視野為方向書寫。

b.環境困境

可從家庭、校園環境著手，例如：貧困或富裕的家庭、惡意的同儕、不理想的校園等。環境的困境通常造成長期的壓力，因此在書寫時，要深入地呈現壓力的根本原因。

c.關係困境

包括親子、同儕、親密關係等困境。困境可能出於自卑感、認同感不

足而產生的關係瓶頸；亦有可能出自彼此之間的占有欲過旺、尊重度不足而產生的情感剝削。

d.心理困境

　　包括內向、自我設限、憂鬱、躁鬱、思覺失調等困境。這類困境有可能跟環境、關係有關，寫作時可連結兩種困境。

e.成長困境

　　包括成績不佳、興趣不明、缺乏指導等困境，例如升學成績、校內外競賽等。除此之外，自己想要發展的興趣無法獲得認同、缺乏適合的指導老師等議題，也可以作為書寫的方向。

思考步驟 2 　組織文章

　　選定「困境」之後，我們要如何表現脫離困境的過程呢？

　　其實，在問題（一）中，題幹揭示了引文以「承襲、阻礙、突破、行動」等階段組織文章，我們亦可以參照這個方式書寫。

a.首先，書寫遭遇困境的過程

　　文章一開始，可以書寫場景、描繪困境的景象。其次，可以帶入畫面所引起的情緒，諸如無力、沮喪、悲觀、憤怒、嫉妒等較為負面感受，為後段的脫困打好基礎。

b.接著，書寫承襲的方式與行不通的阻礙

　　接下來就可以進入「承襲」與「阻礙」的書寫。「承襲」意味著以過去習慣的方式面對問題，例如逃避、暴力對抗、忽略，而這些錯誤的方式，又造成了哪些外在與內在的種種「阻礙」？這些「阻礙」均應在書寫時一一具體呈現。

c.最後，以穿越困境為突破與行動

由於過往的處理方式對解決問題無效，因此文章要轉而書寫面對問題、尋求解決方法的過程。例如，面對問題時自己心中必然會先出現抗拒、迴避的慣性情緒，但自己還是決定提起行動力來克服。

呈現完心理的起伏、解決的過程之後，我們最後要引導出體認到「行動」才是「脫困」的最佳方法，以此價值總結心得。

思考步驟3 深化論述

最後，我們又要如何提升整體文章的價值呢？

題幹提示，在面對困境時，我們有迴避、對抗、忽略等處理方式，但題幹也暗示另一種處理方式：「穿越困境」，即強調主動解決複雜問題的重要性。也就是說，若能以「穿越」作為書寫的進路，則更為有利，是答題的高分關鍵，例如範文以「不再只追逐他人目光」的行為模式為處理方式，解決了自己對生活提不起勁的困境，就是好的書寫進路。寫作時，不論面對的是先天、環境、關係、心理還是成長的困境，我們可以「接納」的態度為第一步，再以「面對」、「處理」、「放下」為穿越困境的方法，便能提高文章境界。

⊰ 結論 ⊱

如果要展現對於困境的深刻描述，答題時就要帶領讀者進入情緒的低谷；隨後再由谷底反彈，突破原有的困境，開展全新的視野。寫作時，務必掌握「先抑後揚」的主軸，便能穩健行文。

情意概念 **2**

老年的風景

（鄧名敦〈喚〉）

難易度／★★☆☆☆☆

　　在少子化的影響下，老年人口照護是愈來愈切身的議題。讓我們進一步設身處地思考，一個逐漸老去的個體該如何面對人生呢？老年人依然需要維持尊嚴，但運氣不好的，卻不免落入因為身體病苦而必須求助於人的窘境。

　　在這一個概念中，我們將從「老年的風景」出發，一起學習將文章中交錯的時序還原為事件的發生時序，並嘗試用「需求理論」將書寫思路拓展為 5 種立意方向。

1
走出困境

提取關鍵字寫作。
刪縮接串。

2
老年的風景

將化爲萬用題材庫。
「需求金字塔」

3
衝突與理解

加強文章張力。
利用衝突，

已經記不清這是第幾次被喚醒了。

前些年，一向健康的他在晨間運動往返的路途上，意外被鐵鏈絆倒。根據他的說法，倒地的瞬間，他試著雙手撐地，好減緩衝擊。但到了這年紀，反應的速度終究跟不上想法，「啪」的一聲，他的髖關節應聲斷裂。一條不甚清晰的街道上，只有他一人，比刺骨透膚的凍還要清醒。

恍惚裡，我再次聽見爺爺的叫喚，趕緊起身。「嗯，這次是要尿尿。」我輕曳著，他循著床沿緩緩向邊角的活動便盆「踱」進。每一次，一小寸，似都用盡氣力。像小時候望著窗台上的蝸牛一樣，每一步都拖著長長的尾。爺爺不是蝸牛，但因拖行而皺起的捲痕，也像一條長尾。到了床角，調整好等會預備騰移的方向，輕輕地以客家話說了聲：「好了！」我將他環抱起，空虛虛的，彷如一陣風，完全不似先前的凝滯沉重。一起一落，輕置在便盆座椅上，兩人再七手八腳地拉下褲子。終於，爺爺可以放心地上廁所了。

聽媽說，他是被路過撿回收的太太給發現的，送到醫院時，已經七八點了。冬日的陽光較遲，細細算來，他躺在那鐵鏈旁近一個多小時。媽還說：「幸好有人路過，要不然你爺爺肯定要受更多苦。」這話是對了，可與絆倒在鐵鏈旁的孤寂相比，日後那種吊在心底沉甸甸的黑暗恐怕更無法估量。

便盆清洗乾淨後，爺爺也努力地穿好了褲子。再一次，騰移至床角，像蝸牛般拖行著，回到原位，攙扶躺下，替他拉起棉被，蓋上。悠長的氣息聲輕輕傳來，抬頭看了時間：四點二十。「嗯，還可以再睡一會」，我轉身走回房間，身後卻窸窸窣窣起來。我以為爺爺還有什麼需要，便又探頭向房內確認了一眼，只見他眼睛睜得亮亮地望著我，似有什麼話想說。

正想張口問，一句「謝謝」，微弱卻猝不及防地，撞了上來。

（鄧名敦〈喚〉）

請閱讀上文，分項回答以下問題。

問題（一）：文中提到「與絆倒在鐵鏈旁的孤寂相比，日後那種吊在心底沉甸甸的黑暗恐怕更無法估量。」為什麼作者認為爺爺日後會面臨更大的黑暗？試由文中所提爺爺的遭遇出發加以說明。文長限 120 字以內（至多 6 行）。（占 7 分）

問題（二）：捷克作家米蘭‧昆德拉（Milan Kundera）曾說：「最沉重的負擔同時也是最激烈的生命實現的形象。負擔愈沉重，我們的生命就愈貼近地面，生命也就愈寫實也愈真實。相反地，完全沒有負擔會讓人的存在變得比空氣還輕，會讓人的存在飛起，遠離地面，遠離人世的存在，變得只是似真非真，一切動作都變得自由自在，卻又無足輕重。」負擔有時令人喘不過氣，人卻因此有了存在的意義。請以「**存在的負擔**」為題，寫一篇文章，描述你的經驗或觀察，並抒發心中的感受與領會。（占 18 分）

迅速組織文章

解題關鍵 回答問題時，要先將文學上的寫作手法還原成文字所表達的實際生活情況，才能準確地分析事件對人物造成的心態轉變。而同樣是分析心態，我們除了要看到事件激發的心理反應外，更要運用同理心，回到人物本身的處境、人生階段，才能完整了解人物的心理變化。

a. 思維地圖

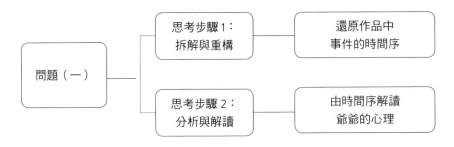

b. 篇幅結構搭建

　　回答時，須結合爺爺在跌倒事件中所遭遇到的身體、心靈痛苦，以及身為老年人必須面對的生活困境，來說明爺爺面臨的黑暗。身體的方面是髖關節應聲斷裂以及後續復原的種種痛苦，心靈層面則是無法自理生活時受到自尊的折磨。老年人的生活困境則是指畏懼時間流逝，時時感受到「死亡將至」的壓力。

1
走出困境

提取關鍵字寫作。
刪縮接出，

2
老年的風景

將化為「需求金字塔」。
萬用題材庫。

3
衝突與理解

加強文章張力。
利用衝突，

寫作示範

範例一

因為作者認為爺爺受傷了，接下來的生活會很不方便，就像文章中說的一樣，都要作者幫他上廁所，而且他也失去了力氣，連拉褲子都需要作者一起幫忙。這就是作者認為爺爺會面臨更大的黑暗的原因。（89字） 待加強

評語：本文循著引文找尋原因，僅達成初步分析。答題時應寫入爺爺的內心狀態，文章方為完整。書寫短題時，不應當作簡答題，而是**有頭有尾的短文寫作**，不宜以「因為」作為開頭。最後，答題時，每個字都是得分的子彈，應該盡量避免如本範例最後一句般重複題目，須將篇幅留給分析內文。

範例二

上廁所是一件很隱私的事情，誰會願意自己在上廁所的時候旁邊還要有一個人上下其手呢？就算是家人也不願意呀！所以爺爺才會覺得未來很黑暗，因為他自己沒辦法上廁所，只能靠別人幫忙，真的很可憐！（91字） 待加強

評語：本文書寫過於口語化，未能用精鍊文字做有效的表達，同時，用語的錯誤頗貽笑大方。第二行「上下其手」宜改為「七手八腳地幫忙」。最後一句「真的很可憐！」也應刪除，寫作時應分析內容、心態即可，不必產生慨嘆。

整體而言，作者捕捉到了一些外部的現象，但卻無法用文字直接點出爺爺的心境，詞不達意，甚是可惜。

範例三

髖骨的應聲斷裂，除了造成生理上椎心的疼痛，彷彿也像是在惡狠狠地宣告爺爺：往後的日子裡他的生活點滴都必須假借他人之手，那些以往雞毛蒜皮的基本起居問題也得仰賴旁人協助，我想這無關出面援助的對象是誰，真正把爺爺拖拽入無邊無際黑暗深淵中的正是他那將被碾得四分五裂的自尊以及那份心餘力絀的無奈傷感。（144 字，臺北市立大理高中　曹琇荃）❶ 　佳作

評語：本文語感極佳、書寫流暢，明確點出爺爺面臨的情況：身體疼痛、未來生活需假借他人之手，接著進一步說明這種遭遇會使爺爺的自尊心遭受碾壓，只能無奈面對的傷感，由外到內均完整描述。

範例四

日漸老邁的爺爺，除了面對時日漸少而畏懼人生，還面臨愈來愈無法與新世代溝通的日暮風景外，更在一次意外摔碎了髖，刺骨的疼痛與復健的艱難已難負擔，更須面對麻煩家人料理日常的自責、沮喪與羞愧，在自尊掃地之時，卻也只能無奈接受。內外交織的負荷，正是爺爺面臨的黑暗。（127 字）　佳作

評語：本文由老年人共同面對的問題下筆，勾勒出老者生活的心境，再以事件遭遇說明進一步的打擊，不但回應了題目的「苦意」，更加深了爺爺面臨的「苦感」。

❶　本文由臺北市立大理高中柯佳芸老師指導，特此銘謝。

問題（一）
詳解

思考步驟 1 拆解事發流程、重構作品時間線

我們必須先理清事件發生的次序，方能了解爺爺的心路歷程。若文章並未依照時間順序書寫，則必須先還原時間序，再進行心態解析。

作者進行創作時，為了營造美感或設置懸念，有時會刻意調整事件的呈現次序。以下，我們就根據文章的脈絡，分析作者呈現的時間次序，並依事件發生次序加以還原。

> 已經記不清這是第幾次被喚醒了。 —— **當下❶**

回想❶ —— 前些年，一向健康的他在晨間運動往返的路途上，⋯⋯，只有他一人，比刺骨透膚的凍還要清醒。

> 恍惚裡，我再次聽見爺爺的叫喚，趕緊起身⋯⋯終於，爺爺可以放心的上廁所了。 —— **當下❷**

回想❷ —— 聽媽說，他是被路過撿回收的太太給發現的，⋯⋯，可與絆倒在鐵鏈旁的孤寂相比，日後那種吊在心底沉甸甸的黑暗恐怕更無法估量。

> 便盆清洗乾淨後，爺爺也努力的穿好了褲子。⋯⋯，只見他眼睛睜得亮亮地望著我，似有什麼話想說。 —— **當下❸**

> 正想張口問，一句「謝謝」，微弱卻猝不及防的，撞了上來。

根據上述逐句分析，可知本文寫作是**由當下事件為主軸，穿插兩段回憶，而回憶亦按次序呈現**。因此，本文真實事件的時序如下頁所示。

1

走出困境

提取關鍵字寫作。

刪縮接串。

2

老年的風景

將「需求金字塔」化為萬用題材庫。

3

衝突與理解

加強文章張力，利用衝突，

回想①：爺爺摔倒的當下	↑ 先
回想②：爺爺送醫的過程	
當下①：爺爺叫醒作者	
當下②：協助爺爺如廁	
當下③：爺爺道謝	↓ 後

❧ 思辨補給站 ❧

用「插敘」豐富敘事內容

「插敘」是一種在故事線的主軸行進時，在必要處暫停，插入其他相關情節片段後，再重新回到敘事主軸的手法。

插敘手法的使用目的，在於製造閱讀的豐富度，讀者藉由兩條時間線或一條時間線的不同階段逐漸揭開情節的真意，就能增加讀者閱讀的動力。寫作本題的長文時，我們可嘗試以此手法，將承受負擔的過程、經歷置於第一、三段；將面對負擔的行動、心境置於第二、四段，最後於第五段寫出心得與體悟。

思考步驟 2 解讀人物反應、分析困境的本質

要說明爺爺面對的黑暗，首先應透過事件的發生、他人的反應論述分析，最後推測爺爺可能的心理狀態。若要更進一步說明爺爺面對的黑暗，則需要進一步剖析其身為老年人的壓力。

排出時間順序後，便能依此梳理出完整的事件發生過程，如右圖。進一步剖析爺爺摔傷後遭遇的困境：

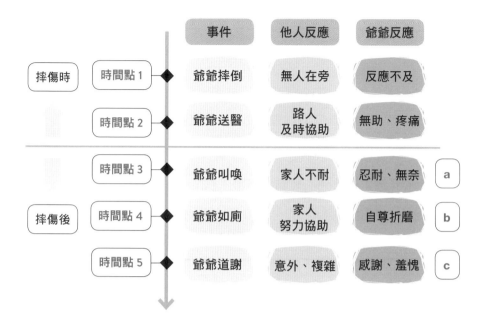

		事件	他人反應	爺爺反應	
摔傷時	時間點 1	爺爺摔倒	無人在旁	反應不及	
	時間點 2	爺爺送醫	路人 及時協助	無助、疼痛	
摔傷後	時間點 3	爺爺叫喚	家人不耐	忍耐、無奈	a
	時間點 4	爺爺如廁	家人 努力協助	自尊折磨	b
	時間點 5	爺爺道謝	意外、複雜	感謝、羞愧	c

a. 身體的痛苦：無力自理的生活

- 「啪」的一聲，他的 髖關節 應聲 斷裂 。
- 我輕曳著，他循著床沿緩緩向邊角的活動便盆「踱」進。每一次，一小寸，似都 用盡氣力 。
- 我將他環抱起，空虛虛的，彷如一陣風，完全 不似先前的凝滯沉重 。

從以上敘述可知，爺爺在復原的過程中，最基本的日常生活都需要家人協助、代勞，用盡氣力卻仍只能移動一小寸，可見生理上的衰弱與痛苦是全面而劇烈的。

b. 心靈的苦痛：求人的自責、無奈與羞愧

- 已經記不清這是 第幾次 被喚醒了。
- 抬頭看了時間： 四點二十 。「嗯，還可以再睡一會。」
- 只見他 眼睛睜得亮亮地 望著我，似有什麼話想說。正想張口問，一句「謝謝」 ，微弱卻猝不及防的，撞了上來。

從以上敘述可知，爺爺還要面對日常生活需人代勞的心理壓力，自尊必然面臨極大的折磨。「第幾次」意味著作者的不耐煩，是一種因為肩負重任，而不得不立即起床協助的無奈。爺爺自然知道天還沒亮就叫孫子幫忙會造成多大的不便，無奈的情緒充滿了家庭。

無奈之外，爺爺還因為必須將隱私、生活的責任完全交給他人，使得基本自尊蕩然無存。

c. 內心恐懼：對時間的焦慮與畏懼

除了身體、心靈的痛苦之外，時間也逐步將老年人推向生命大限。死亡似乎將至卻又尚未真正發生，這種壓迫感會使得人對時間產生了巨大的焦慮與畏懼。這種情緒，便是引文中爺爺身為老年人難以擺脫的基本情緒，可以視為他面對的人生黑暗困境的本質。

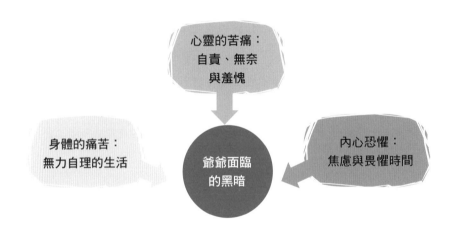

1
走出困境

提取關鍵字寫作，刪縮接串，

2
老年的風景

將化為萬用題材庫。「需求金字塔」

3
衝突與理解

加強文章張力，利用衝突，

∽∾ 結論 ∽∾

爺爺步入老年，首先要面對的是時間不斷將其推向死亡，因此心生恐懼。再者，爺爺更因為受傷，而必須忍受無盡的身體疼痛；最後，當爺爺需要家人協助自己最基本的需求時，所產生的自責、無奈與羞愧，更是讓他難以自處。以上 3 點，即為爺爺面臨的黑暗處境。

∽∾ 思辨補給站 ∽∾

高齡者的普遍困境：世代隔閡

除了文中所透露出爺爺面臨的 3 種黑暗處境外，老年人還會遭遇一種重大的挑戰，即「世代隔閡」，這項處境雖未出現在本題引文中，卻是最普遍的困境。

時間、觀念遞嬗，世界貌似無甚差別，但對老年人而言卻愈來愈難以理解。老年人若不選擇學習，就會與現實世界隔閡愈來愈大。多數的老人屬於後者，他們早已喪失追逐流行的熱情與精力，「與世隔閡」便成為步入老年生活的命運。理解這項困境，將有助於我們回答許多與高齡議題有關的考題。

問題（二）
迅速組織文章

解題關鍵 每個人生活中都有讓自己感到負擔沉重的事物，因此多花時間思索較為特別的題材才能出眾。要特別注意，題幹引言已經暗示「負擔」與「生命實現」之間的關聯，我們若能就此拓展出全文的境界，便能讓文章更吸睛。

a. 思維地圖

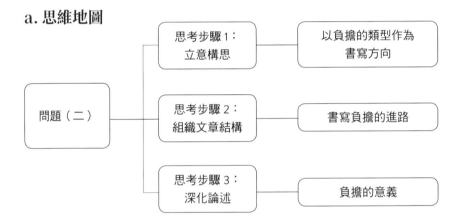

b. 篇幅結構搭建

第一段	以「需求」作為出發點，呈現自己的渴望，以此作為開展全文的基礎。
第二段	寫出事件的衝突點，說明在滿足需求的過程遭遇的阻礙，以此作為「負擔」。
第三段	刻畫「負擔感」，並逐漸導引至轉念前的觸發點。
第四段	透過認清事實或他人鼓舞，寫出轉念後的新體會。
第五段	書寫負擔更深層的意義，以此拉高全文的層次。

❧ 名言佳句運用 ❧

❶ 會壓垮你的不是負擔，而是你扛起它的方式。（蓮納 · 荷恩）

❷ 必須體驗過痛苦，才體會到生的快樂。（大仲馬）

❸ 生活最沉重的負擔不是工作，而是無聊。（羅曼 · 羅蘭）

❹ 年輕時，我的生命有如一朵花——當春天的輕風來到她的門前乞求時，從她的豐盛中飄落一兩片花瓣，你從未感到這是損失。現在，韶華已逝，我的生命有如一個果子，已經沒有什麼東西可以分讓，只等待著將她和豐滿甜美的全部負擔一起奉獻出發。（泰戈爾）

❺ 自己一生中最豐富的常是背負那些「與我無關」的重擔，後來竟成為甜蜜的負擔。（南丁格爾）

❧ 推薦閱讀書籍 ❧

❶ 米蘭·昆德拉：《生命中不能承受之輕》（皇冠）。

❷ 侯貝 等：《法國高中生哲學讀本2：人能自主選擇而負擔道德責任嗎？——思考道德的哲學之路》（大家）。

❸ 張曼娟：《我輩中人：寫給中年人的情書》（天下文化）。

❹ 龍應台：《天長地久：給美君的信》（天下雜誌）。

❺ 伊恩·布朗：《60歲，最年輕的老人》（時報出版）。

❧ 推薦影片 ❧

❶ 百年之美，
想跟你一起變老

❷ 情感，撐不住
照顧負擔

❸【民視異言堂】
陪你一起變老

1
走出困境

提取關鍵字寫作。

刪縮接串，

2
老年的風景

將化為萬用題材庫

「需求金字塔」。

3
衝突與理解

加強文章張力。

利用衝突，

問題（二）
寫作示範

∽ 存在的負擔 ∽

臺北市立大理高中　陳玟伃❷

「我的生活就是一堆破爛，每天堆在我跟前。我清一塊，就又有新的堆過來。」《大象席地而坐》裡曾有這麼一句台詞，這句話是如此扣擊人心，卻又如此無可奈何。在人的一生中，似乎注定得背負重擔，時光荏苒，人們對於生活的激情也在柴米油鹽中消磨殆盡。曾經無畏、天真又稚嫩的自己，也成了這滾滾世俗磨練的成人們，總是沙啞著、欣羨微笑說著：「年輕真好。」曾幾何時，我們僅能在夜裡感嘆，感嘆自己不能如此浪漫勇敢？然後，漸漸的，再也無力感嘆。

高二那年，身為吉他社社長、身為即將面臨大考的考生，所有責任、考試成績、每個人的目光或期望，甚至是拮据的表演經費，無形之中，我像是被重擔深深的壓入冰冷刺骨的湖水中，我掙扎、呼喊，但等著我的似乎僅有看不見的黑暗。我深刻的記得，那段日子清晨睜開眼的第一件事，便是嘗試尋找我存在的意義，但總無果，只清晰的感受到存在的負擔。看著一撮又一撮的黑髮因壓力掉落，我僅能暗自地哭泣、悼念他們。

幸運的是，身邊的朋友及社團夥伴聽見我的求救，他們總放下手邊的事情，與我聊聊各種煩心事。於是我才看見，大家皆擁有重擔；察覺，原來大家都是一樣的負重前行；意識，存活於世，負擔的必然。就如同有黑必有白、有正必有邪。雲層撥開可能是

---

❷　本文由臺北市立大理高中柯佳芸老師指導，特此銘謝。

陽光灑落，彩虹前也可能是狂風暴雨。因為有了負擔，才讓人有種生活的實感，在每個人的宇宙，點綴幾場爆破，幾個黑洞，造就我們的堅忍，造就我們的絢爛。

負擔的必須，就好似陽光面對時，身後那道漆黑的影子。我們擺脫不過，也不用擺脫。因為那影子的牽制，更讓人懂得自制，懂得責任，懂得即使被柴米油鹽把激情全盤消磨，也是為了我們的美好時光所鋪路。負擔，造就了刻骨銘心，因為苦的刻骨，所以深的銘心。想必時光更迭，春暖花開，在垂垂老矣之時，驀然回首，我們懷念的也是那些深情的負擔吧。（734字）

⨀ 賞析 ⨀

本文以探尋「存在的意義與價值」作為主軸展開。全文充分呈現了對負擔的探索過程，將困惑、自覺、發現的過程落筆成文，有意識地探索苦痛表象的成因，是一篇深刻的文章。

文章起首即引用了電影台詞，呈現自己左支右絀、疲於奔命，最終無力應對的蒼涼感，給予讀者強烈的衝擊。

第二段藉由這樣的重量銜接自己的故事，相對於窮於應付生活的人生，作者仍能叩問自己「存在的意義」為何，顯示出作者對痛苦負擔的人生仍保有哲思。

以上的思考面向引出了第三段透過與同儕交流的過程，發現「負擔」並沒有獨特性，而是人人都有的壓力。理解至此，作者方轉念：負擔是人生必然的存在，接納這種必然，便不必耗費心力抗拒命運，而是透過這樣的負擔，發現「生活的真實感」。

末段呼應首段之餘，亦開展了新意，將負擔造就的刻骨銘心視為美好的過程。

綜觀全文，語言流暢、體驗深刻，各段落的銜接與深化均能感染人心，誠為佳作。

詳解

1
走出困境

提取關鍵字寫作

刪縮接串，

2
老年的風景

將化為萬用題材庫

「需求金字塔」。

3
衝突與理解

加強文章張力

利用衝突，

思考步驟 1 立意構思

在立意構思書寫方向時，若僅將主題限於「考試的負擔」稍顯薄弱，我們可以利用「馬斯洛需求層次理論」❸，從不同層次的需求找到相對應的生命負擔，以此作為素材，輕鬆展開書寫。

之所以選擇從「需求層次理論」來著手，是因為「負擔」是個抽象的概念，而這種概念通常來自於某種「需求」無法被滿足。

「馬斯洛需求層次理論」如下圖：

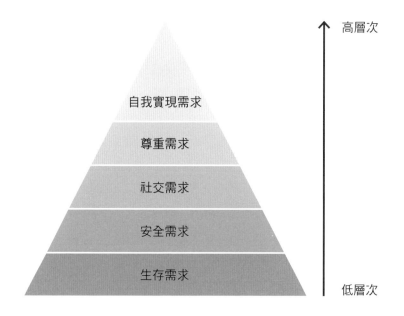

高層次

自我實現需求

尊重需求

社交需求

安全需求

生存需求

低層次

---

❸　由美國社會心理學家亞伯拉罕・馬斯洛（Abraham Harold Maslow, 1908 ～ 1970）所提出。

a.以「生存需求、安全需求」的負擔為方向書寫

每個人都有生存的需求，物質匱乏或身體、心理的疾病均可能威脅生存與自身安危。無法保障基本生活，便成為生命中沉重的負擔。

我們可將貧困、患病、遭受暴力、侵害等負擔，作為書寫的方向。

b.以「社交需求」的負擔為方向書寫

這類型的負擔，與「人際關係」有關，以此方向書寫，可以選擇與他人的衝突、遭受排擠、為了維持關係而委屈自己等主題。

c.以「尊重需求、自我實現」的負擔為方向書寫

這類型的負擔，可能展現在追求真實自我、達成夢想的路途上，例如：必須面對他人的不認同、尚未擁有自我肯定的力量，這些都是成長的負擔。

以此方向書寫，可以選擇自己被抹殺的興趣、遭受的歧視、他人對於不同性別認同的敵意等素材。

d.以「不願負擔」的負擔為方向書寫

除了以上出自「馬斯洛需求層次理論」的負擔之外，我們亦可選擇「逃避人生責任」這種相對消極的層面來書寫。這個層面較難自我察覺，建議你以他人為例來書寫。寫作技巧在於必須將看似「無事一身輕」的表象呈現出來，再進一步書寫「逃避人生責任」將讓人失去更多成長的機會。看似沒有負擔，其實逃避的後果將沉重無比。

思考步驟 2 組織文章結構

選定了「負擔」的主題後，我們寫作時可以依照以下的流程，搭建段落結構：

a.首先，書寫「需求」作為「負擔」的背景

文章開頭，必須交代自己原始的需求為何。可以進一步將需求延伸為「願望」、「渴求」，將自己渴望實現的需要真實而完整地呈現，便能為文章設下好的基礎。

b.接著，放大「衝突」

在滿足需求的過程中，往往會面臨許多挑戰，不論是難以與外在環境相容，或是他人不友善，都可能產生衝突；此外，由於自我懷疑、恐懼而自我設限，亦是可能的內在衝突。

不論是外在的阻礙還是內在的矛盾，將這樣的衝突放大書寫，便能成為推進敘述的重要過程。

c.最後，思考和解的觸發與轉念

文章末段必須開始轉折，轉為積極面對負擔的心態。心態的轉折往往需要事件的觸發，例如透過這段經歷終於認清現實並不如想像的美好，轉而接納現實；再比如接收到他人的一句話、影片的一段情節、書本的一節文字，都可以觸發轉念。

不管是哪一種設定，重點都在於，自己最終接納了負擔必然存在的事實，並從中更深地認識人生、學習到更為扎實的意義，為全文拓展新的意義與格局。

思考步驟 3 深化論述

別忘了，題幹所舉米蘭·昆德拉的話語，其實是面對「負擔」本身最高層次的理解：負擔是更貼近生命本質的，倘若拒絕了負擔，便拒絕了生命的意義。

我們可以利用米蘭·昆德拉的話語來深化文章，賦予「負擔」意義，做法如下：

a.化負擔為承擔

我們可以嘗試在文末指出：如果帶著被動的心態，便難以開創新的意義與境界；相對地，我們應該完整接受「負擔」是人的存在中必然需要面對的困境。

透過以上論述，便能呈現出自己調整為積極的心態，將被動的「負擔」化為主動的「勇於承擔」，更易獲得高分。

❧ 結論 ❧

每個人生命中都會遇到各種「負擔」，我們必須盡量選擇與眾不同的題材書寫，才更容易脫穎而出。首先，我們可以利用「需求理論」，將書寫思路拓展為 5 種立意方向。其次，寫自己在追逐「需求」時發生的衝突。

最後，文末記得結合題幹引文，將無奈的「負擔」化為「勇於承擔」，總結「負擔」的意義在於體驗更為真實的生命，拓展文章格局。

✥ 寫作祕笈・情意招式 2 ✥

將「需求金字塔」化為萬用題材庫

寫作時，我們時常以直覺應對題目，用第一反應找到與題目對應的經驗進行書寫，最後卻發現自己的素材和他人相去不遠、難以表現出獨特之處。

「需求理論」可以為我們突破這個問題，只要題目是關於個人經驗的描述，我們就可以運用需求金字塔進行發想。舉例來說，108年國寫題「溫暖的心」可以運用自己曾在任一層次受過的幫助立意；106年指考題「在人際互動中找到自己」更是直接以「社交需求」層次命題；103年指考題「圓一個夢」、102年學測題「人間愉快」皆可以對應五個層次的需求來完成立意；101年學測題「自勝者強」則可以將自己在五個層次中克服的挫折作為書寫題材。

發現了嗎？「需求理論」能幫我們在許多題目中進行立體的發想，只要你熟悉這個理論，取材就能更為多元！

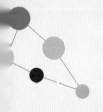

衝突與理解

（葉沐澄〈玩具盒〉）

難易度／★★★☆☆☆

　　在我們的生活圈中，各種關係有緊密、有疏離，而每個人個性不同，再加上時代的區隔、成長背景的不同，往往造成彼此無法互相理解，因此產生矛盾與衝突。我們習慣用對立的方式來證明自己是正確的，卻往往忽略了對方良善的本意。

　　在這一個概念中，我們將連結「衝突」與「理解」兩種看似對立的狀態，並利用「衝突五階段理論」，學習如何強化文章的張力。

1
走出困境
提取關鍵字寫作。
刪縮接串，

2
老年的風景
將化為萬用題材庫。
「需求金字塔」

3
衝突與理解
利用衝突，加強文章張力。

也許，一切都是因為那玩具盒。

小盒子裡裝的是部玩具鋼琴，琴鍵連結著小木棍，一按就叮叮噹噹地敲打色彩不一、音階相應的鐵管，雖是清脆，但稱不上悅耳。孩提時期，我總一個人坐在客廳孔雀綠的地毯上，從櫃子拿出小盒子，再從盒子裡拿出小琴，在兩個八度間，敲著自己也不懂的音符。

我喜歡的其實是那小盒子。

小盒子的角落印著一張照片，潔白的袖子中伸出了一隻女人秀長的手，輕觸著琴鍵。那袖子平坦潔淨，沒有一絲折痕，袖扣工整地將袖口收束平貼在手腕，看起來沒有任何鬆弛感。就是那隻手，敲彈出我心中獨有的旋律。

差不多是午睡的時候了，母親在梳妝臺前忙著上妝，又是粉餅又是眉筆又是口紅，我望著鏡中的母親，對著背影哀求她到床上陪陪我，五分鐘就好。祖母在旁拉著我上床，「奶奶陪你。」我也喜歡奶奶，但這個中午我就想讓媽媽陪陪我，就算只有一會兒。

母親煩了，草草把我交代給祖母，自己拎著包出門。她走得甚急，「回來聽你彈琴。」白色襯衣隨著門的一張一闔消失。

上了床，還不及感到失落便掉入夢裡。

夢裡的母親穿著出門的那件白色襯衣，在客廳裡和我一起彈琴，她彈一遍我彈一遍，我看著母親的白色袖口擺動，聽著她彈出的聲響，我也學著彈。夢中的那一刻，我倚靠在一份巨大的信任裡，彷彿在失重的空間中被輕輕托著，彷彿在還不認識的這個世界裡能安全站起，在柔軟的支撐中緩步前行。

夢醒了，我從櫃裡拿出小盒子。小盒子角落那張圖片裡，那隻由潔淨白袖伸出的手，那是在夢裡與我一同敲彈的手！我認出來了，那是媽媽的手！我興高采烈地尖叫起來。直到母親進了門，我拉著她不斷大喊：「媽媽，這是妳的手！」母親只是稍稍

提起嘴角，進房去了。

　　玩具盒在客廳的角落逐漸布滿塵埃，我幾乎沒怎麼再碰過它。中學開始，我不太愛在家說話了，沉默是我的無奈，是母親眼裡的叛逆。我一個人面對世界，恐懼地前行，背負絕望仍要故作堅強，就算內心崩潰，為了生存，無論如何只能死命撐著。那段日子，無論外頭陽光如何燦爛，都照不進我心中的死蔭幽谷，心頭的沉重一面侵蝕我的精神，一面拉扯我的肉體。走在路上，我壓低了頭，盡可能不與人對上眼，正常的人生是無情的譏諷；沒來由地心悸，夜不成眠，千頭萬緒無法止息，只能任由血絲爬布雙眼；無法在正常時間起床，遲到、缺課，即使坐在教室裡也只是把身體放在座位上，精神渙散，有堂課我連 " bus " 是什麼意思都想不起來。

　　人生徹底崩潰。我的學業、關係、大腦、與身心全面毀壞，總想人生該在這絕望的境地中終結。直到一位好朋友建議我去精神科求醫，診斷出重度憂鬱症，藥袋陪我度過了接下來的十年。

　　那日回到家，藏在抽屜底的藥袋被翻出來，凌亂地散在桌面，母親確認我看到後，帶著稍稍提起的嘴角，語調高亢，一字一字地對我說：「不是只有你有憂鬱症。」我愣在原地，連憤怒都忘了。本以為人生已在谷底，卻沒想過，原來還有人在那兒掘地三尺，等著將你埋了。

　　我們的關係算是完了，白袖始終不是母親的手。只是那玩具盒仍會出現在夢裡，同樣的夢境，竟成了揮之不去的夢魘。

（葉沐澄〈玩具盒〉）

　　請閱讀上文，分項回答以下問題。

　　問題（一）：文學中，時常出現以具體的物表達抽象情感的手法，這種物、情的結合稱為「意象」。試分析文中「玩具盒」所表達的三種不同情感，並說明此一意象轉變的原因。文長限120字以內（至多6行）。（占7分）

問題（二）：家庭中，每一種角色都負擔著彼此不同的期待，因而產生了矛盾或衝突。我們容易在爭執中放大對方的缺點，卻忽略彼此的善意。請以「**心的原點**」為題，寫一篇文章，描述你的經驗，並抒發心中的感受與領會。（占 18 分）

迅速組織文章

解題關鍵　「意象」是指用具體物象表達抽象思想情感的手法。答題時，我們必須分析「玩具盒」背後所代表的意涵，**做法是從原文的脈絡中推敲，方能正確理解作者欲傳達之情感。**

a. 思維地圖

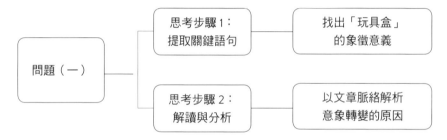

b. 篇幅結構搭建

　　題幹要求回答的重點有二：「意象是哪三種」、「意象轉變的原因為何」。回答前者時，必須從內文中擷取關鍵的字句，回答後者時，要能串起三種意象，使答題內容能夠連貫、流暢。

問題（一）
寫作示範

1
走出困境

提取關鍵字寫作，

刪縮接串。

2
老年的風景

將「需求金字塔」

化為萬用題材庫。

3
衝突與理解

加強文章張力，

利用衝突，

範例一

<u>一篇文章當中常常會有一些表達情感的東西，像是這篇文章中的玩具盒就表達了很多情感。</u>❶作者一開始很喜歡玩具盒，因為他當時年紀很小，所以喜歡玩玩具。但是後來因為慢慢長大了，青春期很叛逆，所以不喜歡以前的玩具，玩具盒就被冷落了。（109字）

待加強

評語：在分析事物原因時，「因為……所以……」的句式具有邏輯性，但若填充在無明顯因果關係的句子中時，等於沒分析。玩具盒並非主角情感投射的對象，而是藉由物品呈現對母親的情感，本文明顯抓錯了方向。

問題語句❶ 首句只是進一步解釋題目，短文寫作要避免累贅的文字。

範例二

玩具盒代表的是作者的心情，他小的時候很喜歡媽媽，所以很喜歡玩具盒。長大了以後，和媽媽有了很多衝突，所以就不喜歡玩具盒了。最後，他因為非常討厭媽媽，所以玩具盒變成他的夢魘！（85字）

中等

評語：本文進一步提到玩具盒與母親的關係，但稍嫌籠統。作者對於母親的情緒，固然反映在玩具盒的意象上，但只是運用「喜歡」、「不喜歡」、「討厭」等詞彙，概括性過高，而無法精細呈現作者情感轉變。

範例三

玩具盒是作者童年接觸音樂的起因，因此作者以「音符」寫出對母親「那隻手」「獨有的旋律」百般真切的嚮往，兒時完美世界的純真一覽無遺。後因玩具盒在角落布滿塵埃，以「一個人」「恐懼的」「故作堅強」展現「無奈」，漸因「母親眼裡的叛逆」下墜身心、沉淪人生於「絕望的境地」，發現夢裡的美好斑駁剝落，憂鬱的天地徒留重重夢魘。（154字，新北市立板橋高中　周子涵）❶

佳作

評語： 本文行文流暢，能徵引原文作為分析的說明。文中明確呈現了「真切嚮往」、「無奈」、「重重夢魘」等三層意象，也剖析了作者逐漸下沉的原因。以流暢的文字書寫出精確的解讀之餘，還能調動讀者閱讀的意願，甚佳！

範例四

「玩具盒」最初被細心收藏，其意象表達了作者純真對母親的依戀；進而逐步生滿灰塵，其意象則呈現了對於親情的失望；最終成為夢魘，認知到夢與現實的不同，呈現了對親子關係恐懼的意涵。究其轉變之因，文中呈現的是作者期待母愛而不可得，並走向憂鬱，親子關係最終成為無法擺脫的束縛。（132字）

佳作

評語： 本文由「玩具盒」被照顧的狀態，對應作者情感書寫，切入點甚是巧妙。本文採先敘述象徵意象的不同，再書寫轉變原因，充分呈現了引文的情緒轉折，其後分析的原因亦為精確，甚是完整。

❶　本文由新北市立板橋高中李欣嚴老師指導，特此銘謝。

問題（一）
詳解

1
走出困境
刪縮接串｜
提取關鍵字寫作｜

2
老年的風潮
化為萬用題材庫｜
將「需求金字塔」

3
衝突與理解
加強文章張力。
利用衝突，

思考步驟 1 提取關鍵語句，畫分自然段和意義段②

　　要將「自然段」歸整為「意義段」，關鍵在於幾個自然段是否有相同的主旨，主旨則由各個自然段中最仔細描寫的場景、情意中可以看出。若幾個意義段所表達的是連貫而相同的主旨、情意，我們便可以直接進行整併。③

　　以引文來說，「玩具盒」與相關的詞語雖然在文中出現多次，但我們若將文章的自然段進行關鍵語句的畫分，就可以發現其所傳達的意義卻只有三段：

物象	自然段	關鍵語句	意義段（即玩具盒傳達出的情意）
玩具盒	第1～9段	• 小盒子的角落印著一張照片，潔白的袖子伸出了一隻女人秀長的手輕觸著琴鍵。 • 我從櫃裡拿出小盒子。小盒子角落那張圖片裡，那隻由潔淨白袖伸出的手，那是在夢裡與我一同敲彈的手！	對於母親的信任與依戀
	第10～12段	• 玩具盒在客廳的角落逐漸布滿塵埃，我幾乎沒怎麼再碰過它。 • 「不是只有你有憂鬱症。」	對於親情的失望

	第 13 段	• 白袖始終不是母親的手。只是那 玩具盒仍會出現在夢裡，同樣的 夢境，竟成了揮之不去的夢魘。	對於親子關係 的恐懼陰影

　　將自然段整併成意義段後，可區分出「玩具盒」的三個意象階段：對母親的信任與依戀、對親情的失望、對親子關係的恐懼陰影。

思考步驟2　解讀情意，分析轉變原因

　　接著，我們要從文章脈絡中找出意象轉變的過程。我們必須回到三個意義段中，找出作者在這段親子關係中所背負的壓力與遭遇的挫折，方能完整分析出「玩具盒」意象轉變的原因。

　　我們可以利用思考步驟一整理出的意義段為基礎，進一步探索意象轉變的原因，而最主要須分析的，便是下圖標注 a、b 之處：

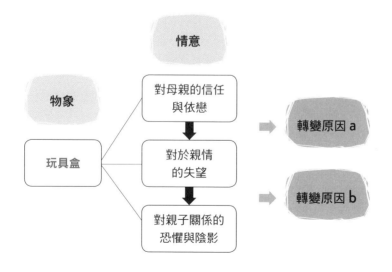

---

❷　「自然段」是在文章中另起一行、空兩格後開始寫的段落。「意義段」則是整併內容類似、概念相同的自然段的結果。

❸　意義段的畫分並無絕對正確的結果，每個人可能有不同的看法，只要能夠說出合理的理由，便可直接整併自然段。

a.第一次轉變原因：對母愛的渴望未能被滿足

作者心中對於母親完美的形象是：整齊、乾淨、秀長之手，這樣的形象深深引起依戀。然而，在第 9 段轉入第 10 段時，卻出現了以下句子：

- 我拉著她不斷大喊：「媽媽，這是妳的手！」母親只是稍稍提起嘴角，進房去了。

可以看出，作者渴望與母親接近，母親卻無法將專注力放在作者身上，以致作者的**期待不斷落空**，這便是拉遠了親子距離的主要原因。

b.第二次轉變原因：親子關係與身心失衡的惡性循環

從第 10 段之後，作者不斷寫出彼此折磨的親情，導致自己的身心狀態惡化，而這樣的身心狀態又回頭導致親子關係破裂：

- 我一個人面對世界，恐懼地前行，背負絕望仍要故作堅強，就算內心崩潰，為了生存，無論如何只能死命撐著。
- 直到一位好朋友建議我去精神科求醫，診斷出重度憂鬱症，藥袋陪我度過了接下來的十年。
- 「不是只有你有憂鬱症。」
- 白袖始終不是母親的手。只是那玩具盒仍會出現在夢裡，同樣的夢境，竟成了揮之不去的夢魘。

我們可以透過文章脈絡，找到驅使象徵意象轉變的第二個原因：作者缺乏母愛、親子關係與身心失衡發生惡性循環，形成無力逃脫的束縛。

1
走出困境
提取關鍵字寫作。
刪縮接串，

2
老年的風景
化為萬用題材庫。
將「需求金字塔」

3
衝突與理解
利用衝突，
加強文章張力。

❧ 結論 ❧

　　「玩具盒」意象共經歷兩次轉變。文章起始處的玩具盒，象徵了作者身為孩子的原始期待，是對於親情的渴求。然而，隨著母親冷漠，使作者的期待不斷落空，玩具盒便轉變為第二種意象，即對親情的失望。作者身心崩潰卻依然得面對母親的冷漠，使彼此的關係日益惡化，最終轉變為第三種意象，也就是難以抹去的夢魘。

迅速組織文章

解題關鍵 題幹明確限定須以家庭為範圍書寫，同時暗示了以「矛盾或衝突」為尋找「心的原點」的路徑。寫作時，便要以「矛盾或衝突」為立意的方向，並尋找「心的原點」有哪些可以探尋的深意。

a. 思維地圖

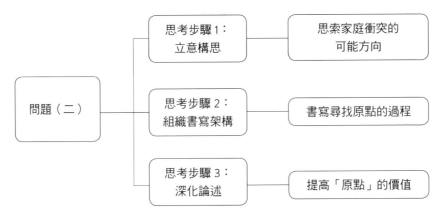

b. 篇幅結構搭建

第一段	以發現觀念不同、因而產生的情緒，進行鋪陳。
第二段	呈現衝突，將衝突的形式與過程呈現。
第三段	書寫衝突的結果，並呈現自己的反思。
第四段	發現自己與他人的初衷，看見對方的善意。
第五段	呈現這段過程帶給自己的啟發。

1
走出困境

提取關鍵字寫作，
刪縮接串，

2
老年的風景

將化為萬用題材庫。
「需求金字塔」

3
衝突與理解

加強文章張力。
利用衝突，

⚘ 名言佳句運用 ⚘

❶ 家是世界上唯一隱藏人類缺點與失敗的地方，它同時隱藏著甜蜜的愛。（蕭伯納）

❷ 時間可以讓人丟失一切，可是親情是割捨不去的。即使有一天，親人離去，但他們的愛卻永遠留在子女靈魂的最深處。（高爾基）

❸ 家庭應該是愛、歡樂和笑的殿堂。（木村久一）

❹ 愛，是比責任感更好的老師。（愛因斯坦）

❺ 我們活著證明，合作比衝突運作得更好。（比爾·柯林頓）

⚘ 推薦閱讀書籍 ⚘

❶ 林亨澤、葉雨純：《青少年身心療癒處方箋》（地平線文化）。

❷ 吳曉樂、劉晏呈：《你的孩子不是你的孩子》（網路與書出版）。

❸ 侯文詠：《危險心靈》（皇冠）。

❹ 時枝武：《憂鬱病患的日記》（小知堂）。

❺ 許佑生：《晚安，憂鬱——我在藍色風暴中》（心靈工坊）。

⚘ 推薦影片 ⚘

❶ 理科太太：心
　會生病不奇怪

❷ 對「憂鬱症」說
　這些，不但沒幫
　助還幫倒忙？

❸ 電視劇：
　危險心靈

❹ 電視劇《你的孩子不是你的孩子》（見公視＋、Netflix、Line TV、myVideo 等平台）。

1

走出困境

提取關鍵字寫作。

刪縮挼串。

2

老年的風景

化為萬用題材庫

將「需求金字塔」

3

衝突與理解

加強文章張力。

利用衝突，

問題（二）
寫作示範

心的原點

新北市立板橋高中　周子涵❹

　　我始終希望像爸爸一樣付出青春而成為醫師，享受著人人稱羨的高薪與社會地位，面對爸爸與阿姨、叔叔們的期盼，認真念書成為我的生活重心。太多的情緒將我層層包覆，每天都要重新計算出門的機率、再次評估睡眠的週期，我沒有太多能分給朋友的時間，就連晚上和媽媽隨口講的幾句話，字數都屈指可數。

　　矢志不渝的決心一路伴我走到學測在即的高三時光，濃稠的空氣讓每一次起身或言語異常黏膩，黏著自己的憨傻與成熟、青澀與穩重，我一手振筆疾書、一手緊握暖暖包，像是再用力搓幾下就能擠出時間一般。眼球上鮮明的血絲終於打破了書房內的無垠沉靜，「很晚了，趕快去睡覺喔！」正算到一半的數學題禁錮我的感官，「有聽到嗎？趕快睡喔！」「有啦！不要吵。」接續著我一連串發狂似的抱怨與怒吼，我像是老師責罵做錯事的孩子那般數落家裡環境嘈雜、座位不寬敞，無視身軀輕顫的媽媽欲言又止，猛然之間我像是眼前漆黑一片，明明知道自己是兩顆閃亮的黑眼珠望入世界，卻像兩把小刀刺痛對方。

　　情緒如濤濤巨浪襲來，一下就淹沒了媽媽僅有的幾滴淚，平時和藹溫暖的媽媽突然像是乾枯了的丁香，緊縮著原想幫助的那雙手，勉強擠出幾個求救似的隻字片語，她說她懷念我曾是那麼開朗的純真孩子，只是希望我長大後的回憶充滿溫暖，別讓現實

❹　本文由新北市立板橋高中李欣嚴老師指導，特此銘謝。

占據珍貴童年。「怎麼可能呢？」我堅定的問，再多的奮不顧身與義無反顧都承載著絢爛的青澀與單純，日暖花繁不過一場此去不再的花季，只是平靜安然的存在我們的記憶底層，我想用不一樣的青春帶來不一樣的人生。

翌日早起準備上學，我們誰也沒打擾誰，但不語之下的媽媽依舊幫我準備好了便當、送我到家門口，日復一日重複著我不說話的生活。那兩個禮拜內，我原以為只是多了一點時間念書那麼簡單，沒想到說話突然變成一件奢侈的事。收到期中考成績單的那幾天，我好想脫離沉重書本的枷梏，但翻遍四周卻找尋不到一絲通往地平面的光線，「很晚了，趕快去睡覺喔！」媽媽還是每晚如常的和我說，這是我第一次發現言語的溫度也能如陽光一般熾熱，「好，晚安。」我看見了媽媽再不經意的揚起嘴角。

回想起第一次從牆外望進碧葉扶疏的台大校園，我似孩子裝扮木頭人那樣傻愣愣的望著，以為只消數個四季遞嬗便是彼端朦朧的傅鐘悠揚，如今才知曉追夢的風塵僕僕卻是丟失了太多俯拾即是的美好和習以為常的日居月諸，如幻泡影的高中三年夾雜在志氣未脫與思慮成熟的年月間，我用夢想維持呼吸、用希望代謝光景，原來心的原點都聚焦在太多細碎的字句之間。（995 字）

❧ 賞析 ❧

為了夢想，需要放棄多少情感？而那又值得嗎？本文書寫的正是對於高標準的嚮往，進而捨棄了母子之間的親情，而在冷靜過後方重拾彼此的溫度，發覺母親的愛是在所有理所當然的生活裡。

首段呈現了衝突的背景，作者過度地投入在人生的單一向度，致使忽略人情，這也將導致後段衝突的產生。第二段書寫衝突的爆發，於此在情緒的氣球上創造破口，自然引爆強大的情緒力量。

第三段寫的是情緒的下墜與不願承認的撐持姿態。接著引入第四段轉折，在一夜情緒平靜後，雙方只是默默給對方空間，直到壓力再也無法承受、直到母親再度破冰，雙方才能在不言中重歸於好。

末段書寫體會到自己為了夢想丟失了更多美好，此刻才發現夢想與生活交流間並不衝突，在眼光注視著目標的同時，也要能分些注意力給生活周遭的美好。

綜觀全文，語言流暢、用詞清麗，充分寫出了自己為夢想付出的代價，亦呈現了自己回首後的發現，充分感受「心的原點」。

問題（二）
詳解

思考步驟 1　立意構思衝突對象、衝突狀況

題幹將「心的原點」限制於家庭之中書寫。我們要先選擇衝突的對象和狀況，再從不同的題材中進行選擇。

那麼，家庭的矛盾、衝突有哪些書寫方向呢？

衝突的對象，有可能是父母、祖父母、兄弟姐妹或是其他親戚；若有情同家人的看護或勞工，也可以延伸解釋作為特殊的題材。發生衝突的狀況可從右頁舉出的兩種情境來發想。

1
走出困境

提取關鍵字寫作，
刪縮接串。

2
老年的風景

化為萬用題材庫，
將「需求金字塔」

3
衝突與理解

加強文章張力。
利用衝突，

a.他人對我的不理解

衝突可能源自於觀念、想法、標準的不同，或是家人忽略我們的需求。衝突的方向，可能是家人不理解我們已逐漸成長，思維已非如孩童一般的；亦可能是家人只以課業作為唯一評斷的標準，忽略了其他興趣；家人也可能因為忙碌而忽略了自己的情感需求。

除了理解上的阻礙之外，也可能在相處的方法上有所衝突，例如要求絕對服從、干涉太多自由、期望過高、覺得行為有失家庭面子、獨斷地用長輩的價值觀要求我們等。

b.我對他人的不理解

衝突可能源自於無法理解親人初衷、壓力過大、自己的無所適從。

這類由自身出發的書寫角度，可以選擇自己無法理解父母的苦心與用心，或是自己因為壓力過大而將情緒宣洩在親人身上。此外，家人的觀念與同儕的觀念相左，也使自己面臨選擇時無所適從的心情，也可以作為書寫的方向。

思考步驟 2 **組織書寫架構**

透過衝突的過程，「探尋」雙方的初衷，是本文亟須呈現的內容。由衝突的發生一路反思內省，找到彼此的本意，進而相互理解與體諒，呈現尋找「原點」的過程，便是本文的書寫流程。

我們可利用以下的「衝突五階段理論」❺，依照這個模式建立文章結構（參見下頁圖）。❻

---

❺ 由美國管理學家史蒂芬‧羅賓斯（Stephen P. Robbins, 1943～）所提出。
❻ 第 172 頁圖片改編自：Stephen P. Robbins and Timothy A. Judge. "Chapter 14. Conflict and Negotiation." Organizational Behavior (11th edition) (2005)

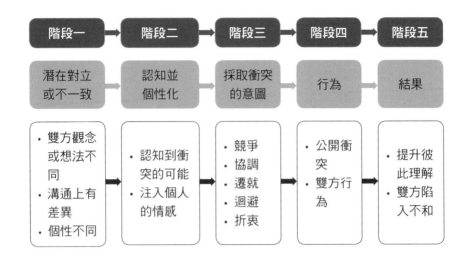

階段一	階段二	階段三	階段四	階段五
潛在對立或不一致	認知並個性化	採取衝突的意圖	行為	結果
· 雙方觀念或想法不同 · 溝通上有差異 · 個性不同	· 認知到衝突的可能 · 注入個人的情感	· 競爭 · 協調 · 遷就 · 迴避 · 折衷	· 公開衝突 · 雙方行為	· 提升彼此理解 · 雙方陷入不和

1
走出困境
提取關鍵字寫作。刪縮接串，

2
老年的風景
將「化為萬用題材庫。需求金字塔」

3
衝突與理解
加強文章張力。利用衝突，

a.首先，思考彼此的差異點為何

　　差異點在於上圖中的**階段一、二**。第一個階段首先提到雙方在觀念或溝通上的不一致。彼此可能都是出於好意，但基於對於事件的想法或自身的個性，會採取不一樣的行動。此時衝突尚未爆發，僅是矛盾的起始，是不公開的潛在對立。

　　書寫時可先以全然主觀的片面意見作為起首，捍衛自己對於事件的看法、觀念，以此作為自他之間的差異。同時，面對這樣的差異，可能會產生憤怒、責怪的情緒，這都可以於首段呈現。

　　要注意的是，「想法」、「觀念」並不是心的原點，真正的原點是想讓事情更好的心意。

b.接著，由差異寫到衝突的行動

　　對應圖中的**階段三、四**。在確立了彼此的差異後，便可引出衝突。衝突的形式有 5 種，分別如上圖所示：「競爭、協調、遷就、迴避、折衷」，「競爭」是指引發言語、肢體衝突；「遷就」則是陽奉陰違；「迴避」則陷入冷戰；願意「協調」，則是開放溝通的可能；「折衷」則是做出某種程度的退讓以達成共識，後兩者能夠顯示情商甚高。要注意的是，這 5 種

狀態其實都是在潛在對立後衝突的不同形式，書寫時可以依據事件的實際狀況，選擇衝突的樣貌❼。

c.最後，冷靜反思找到心的原點

進入圖中的**階段五**。藉著衝突後逐漸淡化的情緒，冷靜思考彼此的出發點為何。宜呈現思考過程，往回突破衝突的「行動」、「情緒」、「想法」，找到自己與家人心中良善的本意，便真正找到心的原點。

思考步驟 3 深化論述

找到「心的原點」後，若能逐漸將想法落實到行動，更能展現「原點」的價值。

a.加深愛的層次

了解了自己與他人都是從善意出發，不再斤斤計較家人的表現和情緒，而是更進一步體會到：不論如何表達，彼此都有深刻的愛。

b.接納人我之間的同與不同

找到了心的原點，進一步明白愛是共性，並有無限多的展現方式，也就能平心靜氣地接納異同。

最後，在敘述上的順序則可靈活安排。第一種順序，直接採用上述思考流程分段呈現：

差異　　衝突　　反思　　價值

---

❼　此解說來自湯瑪士─基爾曼衝突二維模式。"Thomas-Kilmann Conflict Mode Instrument." Kenneth W. Thomas and Ralph H. Kilmann. May. 2008.<https://is.gd/0L6JaS>

第二種順序，也可以先凸顯彼此的衝突，再逐步覺察彼此差異：

衝突 ＞ 差異 ＞ 反思 ＞ 價值

1
走出困境

提取關鍵字寫作

刪縮接串，

2
老年的風景

化寫萬用題材庫

將一需求金字塔

結論

從衝突找到初心，再由初心找到看見世界的深度與廣度，便是本文的行進模式。首先，寫作時須由衝突的行為著手，選定一起生活中的衝突事件。接著，從 5 種衝突的形式「競爭、協調、遷就、迴避及折衷」中挑出一種來書寫。最後，在衝突過後，藉由冷靜的情緒反思彼此的初衷，寫出自己從衝突中獲得的反思，例如：加深對愛的認識，或是接納與他人的同與異。

寫作祕笈・情意招式 3

利用衝突，加強文章張力

文章的張力展現在行動的衝突、外境與內心的矛盾等，任何關於「阻礙」、「抵觸」、「針鋒相對」、「水火不容」、「背道而馳」、「格格不入」的經驗或觀察，都適合放大衝突點吸引讀者。

衝突的重點在於寫出「對立」，以本題為例，就是要營造從由深刻的衝突形式，走回最初的愛與初衷之間的對比，盡可能拉大二者距離，便能使文章更有張力。

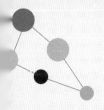

情意概念 4

冷眼

（朱自清〈憎〉）

難易度／★★★★☆☆

　　心理學家曾做過實驗，在某些受試者的身邊安排一些嚴重的突發狀況，並觀察受試者的反應。研究發現，當突發狀況周圍聚集的人數愈多，採取具體作為的人就愈少。這就是著名的「旁觀者效應」。人們對某些事冷漠的態度，或許就與此效應有關。

　　接下來，我們將從「人性的冷漠」出發，學習如何探究作者的思想與情感，並藉由切換寫作視角，在一個寫作題目上開發出多種書寫角度。

4
冷眼

開發書寫角度。

切換視角，

5
離愁

創造書寫架構。

用時間軸

6
曠達

寫出境界。

由淺入深，

前月我走過北火車站附近。馬路上橫躺著一個人：微側著拳曲的身子。臉被一破蘆葦遮了，不曾看見；穿著黑布夾襖，垢膩的淡青的襯裏，從一處處不規則地顯露，白斜紋的單褲，受了塵穢底沾染，早已變成灰色；雙足是赤著，腳底滿塗著泥土，腳面滿積著塵垢，皮上卻縐著網一般的細紋，映在太陽裏，閃閃有光。這顯然是一個勞動者底屍體了。一個不相干的人死了，原是極平凡的事；況是一個不相干又不相干的勞動者呢？所以圍著看的雖有十餘人，卻都好奇地睜著眼，臉上的筋肉也都冷靜而弛緩。我給周遭的冷淡噤住了；但因為我的老脾氣，終於茫漠地想著：他的一生是完了；但於他曾有什麼價值呢？他的死，自然，不自然呢？上海像他這樣人，知道有多少？像他這樣死的，知道一日裏又有多少？再推到全世界呢？……這不免引起我對於人類運命的一種杞憂了！但是思想忽然轉向，何以那些看閒的，於這一個同伴底死如此冷淡呢？倘然死的是他們的兄弟，朋友，或相識者，他們將必哀哭切齒，至少也必驚惶；這個不識者，在他們卻是無關得失的，所以便漠然了？但是，果然無關得失麼？「叫天子一聲叫」，尚能「撕去我一縷神經」，一個同伴悲慘的死，果然無關得失麼？一人生在世，倘只有極少極少的所謂得失相關者顧念著，豈不是太孤寂又太狹隘了麼？狹隘，孤寂的人間，哪裡有善良的生活！唉！我不願再往下想了！（節錄自朱自清〈憎〉）

叫天子：即「雲雀」。

請閱讀上文，分項回答以下問題。

問題（一）：文中描述道：「這顯然是一個勞動者底屍體了。一個不相干的人死了，原是極平凡的事；況是一個**不相干又不相干**的勞動者呢？」試分析作者於此書寫「不相干又不相干」之目的，及其情感動機。文長限 120 字以內（至多 6 行）。（占 7 分）

問題（二）：「冷」是面對人生時必然有的一種態度或感受：可能是理智面對事件的「冷靜」；可能是莫管他人的「冷漠」；亦可能是對於生命喪失熱情的「冷淡」。「冷眼」一詞實際包含多種看待人我的角度，試以「**冷眼**」為題，寫一篇文章，描寫與此相關的經驗，並抒發心中感受與領會。（占 18 分）

迅速組織文章

解題關鍵 回答的重點在於朱自清寫作此文的「目的」與「情感動機」，因此必須先探索「不相干又不相干」的意義為何，方能釐清他要達成的目標，與支撐他完成目標的內在情感動機。

4
冷眼

開發書寫角度。

切換視角，

5
離愁

創造書寫架構。

用時間軸

6
曠達

寫出境界，

由淺入深，

a. 思維地圖

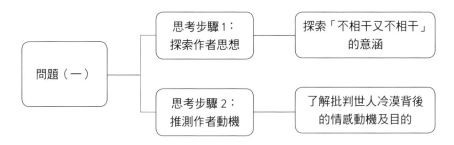

b. 篇幅結構搭建

　　問題中共有三個需要回答的重點：一、兩個「不相干」各自的含意，二、目的，三、情感動機。三者的重要度相同，篇幅配置宜占差不多的比例。

　　首先，我們要由「血緣」、「階級」兩層面向，推敲出「不相干又不相干」的意思是：死者不只是與我無關的陌生人，亦是社會階級與我有明顯差距的人；再說明作者突出此點的情感動機，在於展現對人的關懷，及打破血緣、階層的兼愛之心。

問題（一）
寫作示範

範例一

「不相干」，最直覺的想法❶，就是一種互不交集、彼此陌生的代表❷，而在朱自清當時的年代，由於沒有網路、電話或電視，能與自己有相干的人大概就只有有血緣關係的人了吧！❸而一個社會底層的勞動者，既沒有和自己有血緣，亦不是一位赫赫有名的人物，這樣從來不曾聽聞過的人，自是和你「不相干又不相干」的人了。（142 字）　待加強

評語：本文僅解決了題幹中一個問題，即「不相干又不相干」的意涵，對於「情感動機」卻未能談及。143 字的篇幅卻只解決了一個問題，說明這段文字寫得較為鬆散，必須更為精鍊，才有空間處理其他問題。同時，本文的書寫未能分清句子的分界，幾乎只用逗號進行區隔，不夠嚴密。

問題語句❶ 答題時，除非討論的是「直覺」本身，否則應以客觀方式敘述，不應以直覺想法回答，因為直覺式反應容易使論述流於表淺。

問題語句❷ 「代表」語意不詳，可改為「呈現方式」。

問題語句❸ 這段推論看似有理，但與問題無關。朱自清的年代自然沒有網路、電視，他自然也不會從這個角度得出「血緣」的觀念。若能從該時代的氣氛談起，會更為貼切！

範例二

我認為作者第一個不相干是因死者只是<u>極平凡</u>❶的人，非親非友，而是素不相識的陌生人。第二個不相干則是因死者是勞動者，社會身分階級不與自己互列的勞動者。<u>而</u>❷作者應是想表達對此兩種不相干心態的抗議，他認為大家身為人應對彼此更有憐憫心及溫度，<u>而非認為不相干而冷眼旁觀。</u>❸（127字）

中等

評語：本文雖能回答題幹所提之所有問題，但在論述上不夠精準，不但有邏輯錯誤，亦有觀念錯置的問題，不能算是充分的回答。這兩種不相干並不是一種心態，而是一種事實，因為這兩個事實所產生的「冷漠」，才是朱自清所憎惡的「心態」。

問題語句❶「平凡」與「陌生」並不是同一個概念，在此並列顯然混淆了兩者。

問題語句❷語意邏輯有問題，用了「而」作為轉折，但前後的語意卻是相同的，若改用「且」字會更貼近本句要表達的意思。

問題語句❸語意不夠完整，可改為「而非認為彼此不相干而冷眼旁觀」。

範例三

作者書寫「不相干又不相干」的目的在於他想要打破血緣、身分的束縛，以生命價值同等的角度，延伸更大的關懷與同情。作者對於圍觀者的冷淡態度有所感悟，他感嘆人們是否付出關懷、同情的理由竟在於與他人血緣親族關係的有無及身分階層的高低，並認為生命價值平等才是應有的觀點。（129字，臺北市立大同高中　李東翰）

佳作

評語：本文書寫流暢，並能於短篇幅內前後呼應，強調「生命平等」的價值是很好的書寫策略。本文加入了「圍觀者」進行書寫，真實地呈現了事發現場的諸種角色，書寫得十分細緻。

範例四

作者和橫躺在馬路上的人，彼此間毫無血緣關係，是不相干的陌生人；一個是知識分子，一個是勞動者，兩者在社會階層亦是八竿子打不著。作者想打破自古以來家國一體，身分及血緣的束縛，以對生命價值尊重的起點，延伸更大的關懷與同情。（108字，臺北市立大同高中　張嘉真）　佳作

評語：本文回答精確，兩個句子便流暢地回答了兩個問題。首先提出了兩種「不相干」各自的意涵，再總結於作者想突破傳統觀念的情感動機，回答得十分完整。本文的亮點在於提出了「家國一體」的傳統觀念，這是在引文及題目中未明確提及的，是答題者日常知識累積所延伸的準確理解，故能突出於其他試卷。

問題（一）
詳解

思考步驟1 探索作者思想

朱自清提出「不相干又不相干」前，已經說過一次「不相干」，這便暗示了「不相干又不相干」對於人跟人的關係具有兩個層面的意涵，答題時必須將兩個層面均加以分析，方能完整切中題意。

a.第一層「不相干」：血緣層面的不相干

從以下文句可見，第一層「不相干」，指的是「此人並非我的親友」：

- 倘然死的是他們的兄弟，朋友，或相識者，他們將必哀哭切齒，至少也必驚惶；這個不識者，在他們卻是無關得失的，所以便漠然了？

這種「**愛有差等**」的基礎觀點，來自華人社會受到儒家思想的深遠影響。《中庸》所謂「**親親之殺，尊賢之等，禮所生也。**」意思就是「禮」之所以能夠產生，是因為人和人之間有關係、階級的差距，且對應關係與階級的遠近，有不同的適宜表現。因此，「親疏遠近」更形重要，和自己有血緣關係的應該對其更加重視，朋友次之、稱不上親人也不是朋友的再次之，「親疏遠近」的對待觀念便烙印於華人社會。

人際關係像一個同心圓，不斷向外開展，而關懷的邊界止於日常生活能有密切往來者。「我」能關切的遠近，如下圖所示：

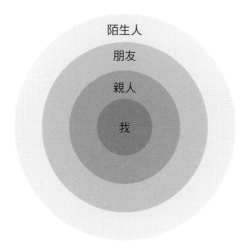

朱自清的文章便印證了「親人→友人→陌生人」層層有別的觀點。

b. 第二層「不相干」：階級層面的不相干

從以下文句可見，第二層「不相干」，指的是「人有高下，並非平等」：

- 一個不相干的人死了，原是極平凡的事；況是一個不相干又不相干的 ⬚勞動者⬚ 呢？

社會貧富不均的狀態下，職業身分被劃分為不同的階級。當人們汲汲營營想要向更高收入、權力、地位邁進時，自然而然地排除了社會底層的勞工。在這樣的氛圍之中，仍處於底層的「勞動者」，自然是與更高階級者無關，「身分階級」使其成為了不相干之人。

思考步驟 2　推測作者動機

「情感動機」是一個人行動或思考的出發點，例如：一個人可能因為「憤怒」的情感動機而有了「破壞」的行動；可能因為「悲傷」的情感動機而有了「逃離」的想法。因此，若要解析朱自清的情感動機，我們就必須先從他的行動或思考開始了解。

回到引文，顯然文中的敘述多著重於朱自清的觀察與思考而未見實際的行動，因此，我們必須從他的思考展開分析。

a. 動機：打破血緣、階級藩籬，提倡兼愛的人道理想

朱自清對人群冷漠的書寫占大部分篇幅，讓我們可以看出他真正在意的是人群的冷淡：

- 但是思想忽然轉向，何以那些看閒的，於這一個同伴底死如此冷淡呢？倘然死的是他們的 ⬚兄弟⬚、⬚朋友⬚，或 ⬚相識者⬚，他們將必哀哭切齒，至少也必驚惶；這個 ⬚不識者⬚，在他們卻是無關得失的，所

以便漠然了？

- 「叫天子一聲叫」，尚能「撕去我一縷神經」，一個同伴悲慘的死，果然無關得失麼？

- 一人生在世，倘只有極少極少的所謂得失相關者顧念著，豈不是太 孤寂 又太 狹隘 了麼？狹隘，孤寂的人間，哪裡有善良的生活！

這個無血緣、無友誼的不識之人，竟還不比枝頭上的「叫天子」讓人關懷，作者因此對這樣的世間感到孤寂而狹隘。因此，朱自清的理想，正是一種藉由眾人寬懷而形塑「豐沛、寬廣」的環境，他的核心情感動機，正是來自於一種**打破華人傳統的血緣、階級觀的兼愛期待**。

4
冷眼

開發書寫角度。

切換視角，

5
離愁

創造書寫架構。

用時間軸

6
曠達

寫出境界。

由淺入深，

❧ 結論 ❧

「不相干又不相干」呈現的是「以血緣為親」的人際關係概念，並具有身分階級意識。當一個人既非親友，又非社會中上階層之人，此人便為「不相干又不相干」之人。作者之所以如此書寫的目的，正是要突出死者是被摒除於血緣關係、階級之外的身分。

朱自清的情感動機，則展現在他對於人群冷漠的批判。在他的眼中，冷漠會導致人狹隘與孤寂，因此，他期待打破傳統的血緣、階級觀念，期許人類能兼愛世人，對所有無論與自己有無關係者均付出關懷。

問題（二）
迅速組織文章

解題關鍵 「冷」有多種面向，寫作時必須先找出適合自己的方向、與自身較有共鳴的素材書寫，文章方容易深入而動人。由「冷靜」、「冷淡」、「冷漠」擇一作為「冷眼」的寫作方向，再由「自覺冷眼」、「遭受冷眼」、「旁觀他人的冷眼」擇一角度出發書寫。

a. 思維地圖

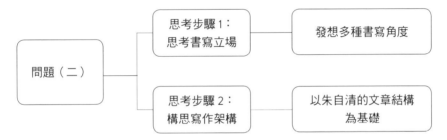

b. 篇幅結構搭建

第一段	帶入事件：寫出一個具體事件。
第二段	觀察描述：人們的冷眼態度。
第三段	感受反應：自己對於冷眼反應的觀察與感受。
第四段	從自我的視角抽離，提供更客觀的判斷反思：「冷眼」的意義是什麼？
第五段	期待：寫出對於溫暖世界的想像與盼望。

❶ 冷眼觀人，冷耳聽語，冷情當感，冷心思理。（《菜根譚》）

❷ 泰山崩於前而色不變，麋鹿興於左而目不瞬，然後可以制利害，可以待敵。（蘇洵）

❸ 友情需要──忠誠去播種、熱情去灌溉、原則去培養、諒解去護理。（德國諺語）

❹ 世界大部分不幸也許都有補救之法，但其中最不幸的卻無藥可救，那就是人類的冷漠。（海倫‧凱勒）

❺ 就拿我自己來說，我最大的希望就是別人不要來管我的事，但我也發現，並非人人都是這麼希望的，要是我不去管他們的事，他們反而會認為我冷漠、自私、無情無義。（毛姆）

❻ 只因不法的事增多，許多人的愛心才漸漸冷淡了。（《聖經》（馬太福音 24:12））

❦ 推薦閱讀書籍 ❦

❶ 朱自清：《朱自清經典作品精選》（商務印書館）。

❷ 王讚源：《墨子》（東大圖書）。

❸ 阿德勒：《認識人性》（商周）。

❺ 伯登‧高登：《憤怒療癒力》（麥田）。

❻ 派翠西亞‧柏德芮克：《老師，帶領我們靜心吧》（橡實文化）。

❦ 推薦影片 ❦

❶ 社會實驗-社會無情的一面令人鼻酸

❷ 【這是美好的一天】文字的創造力百萬人感動

❸ TEDxNCCU｜不要冷漠，冷漠是對自己最大的背叛｜蕭紫菡

問題（二）
寫作示範

❧ 冷眼 ❧

臺北市立大同高中　張嘉真

拖著沉重的步伐，朝那偽裝的受刑場前進。冰冷的建築結構、粗魯僵硬的線條，卻打扮成溫暖柔軟的模樣，謊稱是友誼的搖籃。在踏進競技場的剎那，原先的喧鬧和吵雜頓時化為無聲無息。一顆紙球劃破了寧靜，隨之而來的是張狂的嘲弄聲、竊竊悄悄的耳語聲以及漠不關心的冷淡。冷淡化作一道道利刃刺穿了我，我卻毫無知覺。

看著胸膛左上方的深窟，我只能麻木地低頭發愣。長久以來處在極大壓力下，以及從小到大的自卑感，使我面對一波波的進攻竟無招架能力。是從哪裡開始出錯的？還是我做得不夠好？倒在血泊中的我仰望著天，不斷地自我對話。

「決定命運的並非偶然，而是選擇。」一句話如暮鼓晨鐘驚醒夢中人。選擇耽溺於情緒中，而看不清眼前的風景；選擇漠視惡意相向的言論，虛心接納建設性的意見。雙眸不再黯淡無光，將轉為兩丸黑水銀，閃耀自己的光芒。坦然面對不代表完全不在乎，而是將這分在意壓縮，讓它不會影響自己正常的生活步調，心情亦不會掀起滔天巨浪，憂憤抑鬱。漸漸的，原先一片荒蕪，草木不生之景，轉為綠意盎然，生機蓬勃的新天地。

冷眼造就了冷眼，亦成就了冷眼。冷，不代表使人發顫，它亦有溫暖之處。在撥開灰色厚重的雲層後，金黃色的曙光灑下，每一角落、每一刻皆是美好。（502字）

賞析

　　本文藉由自己的切身經驗，提出自己如何從他人的惡意、冷淡中成長，學會理智、冷靜地面對自己的情緒與在意，將題目「冷眼」擴散成兩種層次，既有面對他人的壓力，亦有反思心態的能力，使文章具有深度，堪稱佳作。

　　文章起首呈現的是自己失去希望的心，以此投射出各種冰冷、無溫度的場景。作者成為了眾人眼中的特殊人物，一進入共同的空間，便遭受各種冷漠，而這樣的冷漠化為訕笑、低語，各種眼神都成了利刃刺穿她的心。不知如何是好的她，只能麻木地站在原地，手足無措。這樣的外境為作者帶來了強烈的自我懷疑與譴責，第二段便呈現了她一連串的自我否定。

　　三段開始漸漸帶出轉折，藉由一句話深思自己應當如何選擇，當面對外在的冷淡時，作者選擇「冷靜」面對。於此，為題目「冷眼」帶出了新的格局，加深、加廣了自己對於題意的認知，同時將外境之冷與內心之冷做出了好的對應。因此，作者於末段強調，「冷」有其溫暖之處，透過外人的冷眼使她長成了溫暖的心，由自我懷疑走向了自我接納。

　　整體而言，本文的書寫運用了對比的手法呈現了心境的蛻變，文辭亦經推敲，善用多樣化的修辭手法營造美感，是篇值得學習的作品。

4
冷眼

開發書寫角度，
切換視角。

5
鄉愁

創造書寫架構，
用時間軸。

6
曠達

寫出境界，
由淺入深，

詳解

思考步驟 1 思考書寫立場

　　題幹中提出了「冷」的三種可能：冷靜、冷淡、冷漠，這便暗示了書寫時有三種可以發展的方向。「冷靜」是面對衝擊時的鎮定態度；「冷淡」是對他人的熱情、要求不予回應；「冷漠」則是對於萬事萬物不關心。

　　而這三個面向，也都可以從「自覺冷眼」、「遭受冷眼」或「旁觀他人冷眼」三種書寫視角出發書寫。因此，本文至少有九個可以發展書寫的方向。除了上述三種基本視角外，下圖也提供了「全觀」視角的書寫可能，寫作時可利用圖示將自己代入書寫視角：

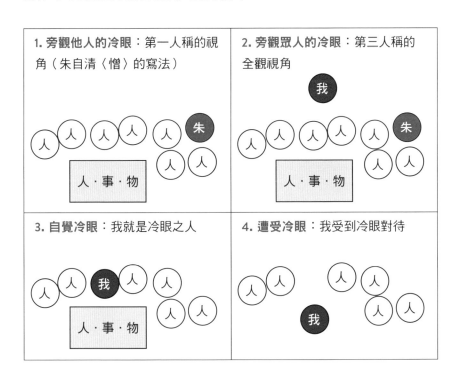

a.旁觀他人的冷眼：第一人稱的書寫視角

〈憎〉文的書寫，是由朱自清的雙眼作為觀察角度，他看見了死者的悲慘、他人的冷漠，因而引出了自己的種種感受。寫作時可以仿照朱自清的視角進行書寫。

b.旁觀眾人的冷眼：第三人稱的全觀視角

寫作的監視器除了能夠全觀所有角色，更能夠呈現出每個角色的心思、感受，寫作者的角色猶如上帝一般，這樣的視角設定，就稱為「第三人稱的全觀視角」。

以此視角書寫要特別注意在短篇幅中的文字調度，避免情節發展過剩，無法在時間內完成。

c.自覺冷眼：我就是冷眼之人

身為旁觀者，批評他人是相對容易的，只要站在道德的高點，針對他人的不足之處痛心疾首地評論，多少能夠引起共鳴。然而，若能夠將自己曾經對他人「冷眼以對」過程寫出，再呈現反思，不論當時的選擇是否正確，均能呈現出這份經驗的價值。

d.遭受冷眼：我受到冷眼對待

除了自己可能是冷眼對人者外，自己當然也有可能是承受冷眼之人，由此展開心路歷程的書寫，並說明自己因此對自我有了不同的期許，也是一種下筆方式。

思考步驟 2　構思書寫架構

由引文中我們可以發現，朱自清是從第一人稱「我」的角度出發，書寫旁人的冷漠。他的寫作脈絡，或許也能作為書寫時的參考（參見右表）。

4
冷眼

開發書寫角度。
切換視角，

5
離愁

創造書寫架構。
用時間軸

6
曠達

寫出境界，
由淺入深，

帶入事件	前月我走過北火車站附近。馬路上橫躺著一個人……
觀察描述	……雙足是赤著，腳底滿塗著泥土，腳面滿積著塵垢，皮上卻縐著網一般的細紋，映在太陽裏，閃閃有光…… 圍著看的雖有十餘人，卻都好奇地睜著眼，臉上的筋肉也都冷靜而弛緩。我給周遭的冷淡嚇住了……
感受反應	終於茫漠地想著：他的一生是完了；但於他曾有什麼價值呢？他的死，自然，不自然呢？上海像他這樣人，知道有多少？像他這樣死的，知道一日裏又有多少？再推到全世界呢？……這不免引起我對於人類運命的一種杞憂了！
判斷反思	一個不相干的人死了，原是極平凡的事；況是一個不相干又不相干的勞動者呢？
期待	一人生在世，倘只有極少極少的所謂得失相關者顧念著，豈不是太孤寂又太狹隘了麼？

由上表中的脈絡分析，可以看出本文在書寫時最著重的是描寫，包含了對於死者、旁觀者的描述，接著書寫自己的心理反應，將自己的驚訝、無法認同一一呈現，順理成章地推論出自己的反思，認為人們應當兼愛世人，社會方能更加和諧。

而寫作材料上，則可以選擇：車水馬龍的城市對於玉蘭花販售者、叫賣餅乾的喜憨兒等人的冷眼，亦可書寫自己曾經冷靜處理某次衝突、某樣衝擊最後得到理想結果的過程。

❧ 結論 ❧

寫作「冷眼」一題時，不論我們採用哪一種視角書寫，都必須將事件的場面細緻地描寫出來，並一一呈現事件引發的深刻感受、省思，文章方能完整而深入地呈現我們的思考。在中段寫完事件的起因、經過、

結果後，更重要的是必須在文末書寫由此事件體會的價值，或是對於社會更高的期許，方能拉高文章的層次。

❧ 寫作祕笈・情意招式 4 ❧

切換視角，開發書寫角度

在書寫一起事件時，有多種書寫視角可供選擇，例如：全觀者、旁觀者、主動者、被動者。我們可以依據自己希望塑造出的寫作氛圍，從中選擇適合的書寫角度，便更容易鋪展文章。

當書寫熟練之後，更為進階的寫作方式即在一篇文章中流暢地切換視角，讓讀者可以有更豐富的閱讀感受。

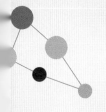

離愁

（李煜〈相見歡〉、泰戈爾〈離愁〉）

難易度／★★★★★☆

　　人會因為「分離」而感到哀傷。許多癡情的人難以接受分離的事實，內心總覺得自己可以扭轉局勢，直到確定一切真的結束、必須離別了，心中的不甘願便達到頂點，種種痛苦也隨之而來。

　　接下來，我們將藉由中外詩人的作品來認識「悲傷五階段」理論，將情緒變化的歷程化作書寫文章的層次。其次，我們也將學習如何調度時間線，將一個事件擴散為 6 種書寫結構，使構思更為寬廣。

情意模擬試題

> **甲、李煜〈相見歡〉**
>
> 無言獨上西樓，月如鉤。
>
> 寂寞梧桐深院鎖清秋。
>
> 剪不斷、理還亂，是離愁。
>
> 別是一般滋味在心頭。

> **乙、泰戈爾〈離愁〉**（*Sorrow of Separation*）
>
> 分離的痛楚氾濫整個世界，
>
> 無邊的天際刻畫下無數形容。
>
> 正是這樣的離愁整夜靜默凝視眾星辰，
>
> 在七月雨夜的蕭蕭葉聲中增添詩意。
>
> 正是這瀰漫的苦痛深入了愛與欲、人間的苦與樂，
>
> 也就是它通過了我詩人的心，融化、流動在詩歌裡。❶

閱讀甲、乙二文，分項回答以下問題。

問題（一）：「共感」指的是人類面對相似經驗時的普遍心理反應。從上列兩首作品中，可以看出不同的作者面對分離時不僅有相同的情感，也有類似的表述方式。試由甲、乙兩首作品的「文章結構」出發，說明李煜、泰戈爾的寫作有何「近似之處」。文長限 120 字以內（至多 6 行）。（占 7 分）

問題（二）：美國小說家威廉·福克納（William Faulkner）曾說：「過去永遠不死，過去甚至不會過去。」我們回首過往時，有時會發現過去形塑了現在的自己。請以「**惦記**」為題，寫一篇文章，描寫你的經驗，並抒發心中的感受與領會。（占 18 分）

---

❶ Rabindranath Tagore. *Gitanjali* (1910):84.
本詩作翻譯蒙傅昶順、李敦齊兩位先生指點，特此致謝。如有超譯、不精確之處，責任均在本書作者。

問題（一）
迅速組織文章

解題關鍵 問題中共有兩個需要回答的重點：「文章結構」及「心理反應」。其中，「文章結構」的意義最為重要，必須明確說明二人寫作的次序。其次，須結合對於心理反應的理解書寫，方能有分析深刻的內容。由「詩文架構」出發，兼談二人文字背後的心理，便是回答本題的關鍵。

a. 思維地圖

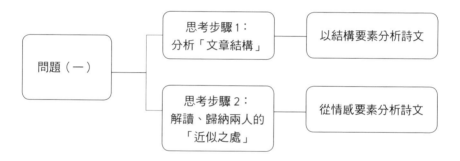

b. 篇幅結構搭建

第一要先回答「文章結構」，情意作品不論是詩還是文章，在結構上一般都有以下四個進程：起因→經過→結果→體悟，答題時簡要說明寫作次序即可。其次要回答兩者「近似之處」，我們須解讀文字背後的情感訊息，並由此找出心理反應的相同處。

寫作示範

範例一

李煜和泰戈爾的文章結構類似，他們都寫出了自己的情感，尤其是對於離愁的感受寫得很深刻。大致來說，他們的內容都是一種苦痛，都抒發了他們心中的難受。（71字）　待加強

評語：本文由於解讀能力不足，致使分析的內容過於模糊、空泛。首先，「寫出了自己的情感」與「文章結構類似」是不一樣的兩件事，尤其前者更是模糊，哪篇抒情作品不是在「寫出自己的情感」呢？再者，本文的近義詞過多，「情感」、「苦痛」、「難受」是一組，「離愁」是一組，整篇所表達的只有「離愁很難受」這個概念而已，冗詞贅字過多。

範例二

很明顯的，他們都經歷了離別的痛苦，而將離別的「愁」寫了出來。這種痛苦是源源不絕的，一直在他們的心頭縈繞，為了抒解這種痛苦，他們便寫下了流傳久遠的詩詞。（75字）　待加強

評語：本文捕捉到了一些引文作者的心理反應，但剖析不夠深入。此外，本文忽略了題幹中所提及「由文章結構出發」的設定，對於詩詞的外部結構未有分析，使得分析失去了主幹，必然流失基本分數。

範例三

從寫作的次序而言，李煜和泰戈爾均由離愁引起抒發的文句，首先，他們因離別而產生孤獨，無處抒發，便走向自然中尋求轉移與解消。接著，由於苦痛過於劇烈、難耐，他們便將目光轉向愁緒本身，深入其中。最終均得出了感悟，內容雖有不同，但都是對於離愁深刻體會後的智慧。（125字）　　中上

評語：本文起首便以「次序」入題，明確對應「文章結構」的提問。接下來以「首先……接著（其次）……最後……」的結構，分別闡述兩位詩人的心理反應過程，分析內容亦為恰當。可惜的是，未能明確點出結構次序進行的元素為何。第二句最末則改為「抒發情感的文句」較佳。

範例四

二文的主旨均由對離愁的苦感寫向深入離愁後的感悟。在文章結構上均採起因、過程、結果、體悟的結構。二人以無法排遣的分離孤獨感為起因，接著移情於景卻加深苦痛，只好沒有選擇地面對離愁。最終，李煜無奈面對，泰戈爾化愁為詩，皆呈現了體悟後的深刻智慧。（119字）　　佳作

評語：本文明確寫出了主旨、起因、過程、結果，並深刻將兩位作者的心理反應結合詩詞的外部結構進行解說。用語簡鍊、明確，不浪費一字一句精確地解析作品，在字數限制內完整答題，是非常好的回答。

詳解

思考步驟 1 分析文章結構

　　我們要如何分析文章結構呢？首先，我們必須知道寫作者一般會運用哪些結構、元素進行書寫。其實，情意的作品（記敘、抒情）不論是詩還是文章，在結構上一般都會有以下 4 個進程：

1. 起因
2. 經過
3. 結果
4. 體悟

以下，我們就運用這 4 個進程來分析作品，將二者行文結構整理為下圖：

甲、李煜〈相見歡〉

無言獨上西樓，月如鉤。
寂寞梧桐深院鎖清秋。
剪不斷、理還亂，是離愁。
別是一般滋味在心頭。

❶ 起因：點出了詩人在深夜因心中哀愁，獨自登樓觀景。

❷ 經過：將自己的寂寞感投射在深院的梧桐上。

❸ 結果：自己想「剪」、「理」愁思，最後發現原來這就是「離愁」。

❹ 體悟：詩人調整了自己的情緒、安慰自己，體悟「離愁」是種特別的情感。

乙、泰戈爾〈離愁〉

② 經過：在一陣靜默後，觀察星辰、聆聽葉聲。

① 起因：作者點出自己正面臨分離的痛苦。

分離的痛楚氾濫整個世界，
無邊的天際刻畫下無數形容。

正是這樣的離愁整夜靜默凝視眾星辰，
在七月雨夜的蕭蕭葉聲中增添詩意。

正是這瀰漫的苦痛深入了愛與欲、人間的苦與樂，
也就是它通過了我詩人的心，融化、流動在詩歌裡。

④ 體悟：詩人感受到，痛苦使他能更深入理解人的愛欲苦樂。

③ 結果：透過情緒探索人心的苦痛，了解愛、欲、苦、樂。

思考步驟 2 **解讀與歸納兩人的近似之處**

題幹起始便直接提及「共感」，足見李煜與泰戈爾的心理反應是出題者重視的內涵。我們對於詩文作品應同步重視其外部形式及內部情感，如此方能呈現完整的分析內容。

面對「離愁」，兩人有哪些相似的心理反應呢？

a.二人皆體驗最深的孤獨感

無言 獨 上西樓。（李煜〈相見歡〉）

正是這樣的離愁整夜 靜默 凝視眾星辰。（泰戈爾〈離愁〉）

「無言」、「靜默」表示兩人都遭遇到他人未曾有過的挫折，即使將痛楚化為最淺易的語言向人傾訴，最終依然無人能夠理解，如同 16 世紀法國哲學家蒙田（Michel de Montaigne）所說：「**小哀喋喋，大哀無語。**」這是一種最深的孤獨感。

b.二人皆將哀愁投射於景象

　　李煜、泰戈爾均將自己的情感投射在景、物上，而景物在添上情感後，還能再進一步襯托作者的情緒，這就是所謂的移情，如下：

> 月 如 鈎 。（李煜〈相見歡〉）
> 寂寞 梧桐深院鎖清秋。（李煜〈相見歡〉）
> 無邊的天際刻畫下 無數形容 。（泰戈爾〈離愁〉）

　　李煜筆下如鈎的月是尖銳的，勾動了詞人心中無法排遣的寂寞。此外，他直接以「寂寞」的梧桐寫自己的孤寂，「鎖」字呈現了孤寂正被壓制、禁錮著，用院中景物形象鮮明地呈現了心理反應。

　　泰戈爾的移情書寫則有更多想像空間，他用「無數形容」將悲苦心境直接投射在整片夜空中。這是一種「以靜寫動」的書寫手法，夜空看似靜止實則暗潮洶湧，十分高明。

　　兩人均以極高的藝術手法，形象化地呈現了自己的孤寂。

c. 二人都積極地深入探索痛苦

> 剪 不斷、 理 還亂，是離愁。（李煜〈相見歡〉）
> 在七月雨夜的蕭蕭葉聲中 增添詩意 。（泰戈爾〈離愁〉）
> 正是這瀰漫的苦痛 深入 了愛與欲、人間的苦與樂。（泰戈爾〈離愁〉）

　　李煜面對自心痛苦採取的是「對抗」、「撲滅」的方式，希望能夠「剪斷」情緒，如果情緒無法斷絕，至少也要「理清」自己的情緒，找到原因，告訴自己不要再傷痛。

　　泰戈爾的策略則不同，他不加對抗，而採取了「觀察」、「順應」的態度，也正是因為他放棄了對抗，內心的苦痛反而讓他深入地看到了自心的愛與欲、人間的苦與樂，順著他詩人的能力，這一切觀察便在他的胸臆間「增添詩意」，可以化為筆下的詩篇。

d. 二人最終皆獲得安慰

> 別是一般滋味在心頭。（李煜〈相見歡〉）
>
> 它通過了我詩人的心，融化、流動在詩歌裡。（泰戈爾〈離愁〉）

李煜在對外無言、對內自我抗爭的心理反應下，只能強自解釋「別是一般滋味在心頭」，意思就是就像人生有喜有怒一樣，各有各的滋味，我此刻的這種愁思，也是人生一種必須經驗的味道吧！

泰戈爾不與情緒對抗，而順著情緒觀察自心，最終為這樣的痛苦找到了正面的價值，也就是愛、欲、苦、樂的經歷帶著他感受到了人生的深度，並藉由他的消化、反芻，能夠化為一首首美麗的詩篇。

最後，我們可以將以上 a ～ d 等四項分析，統整為下頁的思路圖。

⊱ 結論 ⊰

兩首作品均以面對離愁的感受及心態提升為書寫主旨，最終均能尋得安慰。作品均以起因、過程、結果、體悟的形式構成。在起因處，二人深刻書寫離愁不可言說的孤獨，隨後嘗試藉由投射景物排遣寂寞卻不可得，只能轉入內在深入面對愁緒，方找到了自我開脫的方法：無奈面對、化為詩歌。

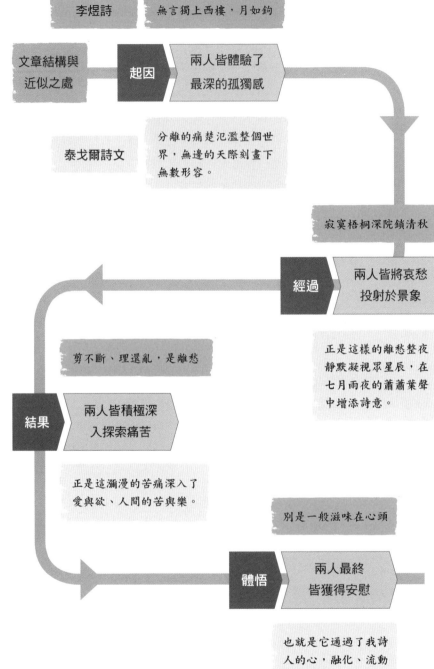

李煜詩　無言獨上西樓，月如鉤

文章結構與近似之處　**起因**　兩人皆體驗了最深的孤獨感

泰戈爾詩文　分離的痛楚氾濫整個世界，無邊的天際刻畫下無數形容。

寂寞梧桐深院鎖清秋

經過　兩人皆將哀愁投射於景象

正是這樣的離愁整夜靜默凝視眾星辰，在七月雨夜的蕭蕭葉聲中增添詩意。

剪不斷、理還亂，是離愁

結果　兩人皆積極深入探索痛苦

正是這瀰漫的苦痛深入了愛與欲、人間的苦與樂。

別是一般滋味在心頭

體悟　兩人最終皆獲得安慰

也就是它通過了我詩人的心，融化、流動在詩歌裡。

4 冷眼　開發書寫角度，切換視角，

5 離愁　創造書寫架構。用時間軸

6 曠達　寫出境界，由淺入深，

問題（二）
迅速組織文章

解題關鍵 「惦記」指的是牽掛過去的一種狀態，寫作時，應先思考生命中有哪一段記憶對自己極具意義。立意方向有二：「惦記」的消極面以及積極面。此外，我們也將學習如何從一個題目中開拓出 6 種書寫結構，透過調度時間線，使構思更為寬廣。

a. 思維地圖

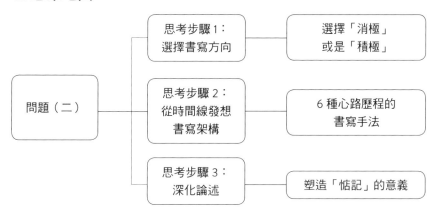

b. 篇幅結構搭建

第一段	擷取、描寫記憶中的關鍵場景，並據以作為鋪陳。
第二段	描述過去事件的起因、過程。
第三段	時光拉回現在，寫出惦記時心中的種種感受。
第四段	結語，提出這段惦記在自己人生中的意義。

4
冷眼──開發書寫角度。
切換視角，

5
離愁──創造書寫架構。
用時間軸

6
曠達──寫出境界，
由淺入深，

〜 名言佳句運用 〜

❶ 幸運的人一生都被童年治癒，不幸的人一生都在治癒童年。（阿德勒）

❷ 如果我們用半生的時間來懷念一個人，在現代人的觀念裡，如果不是自己狀況太差，總是遇人不淑，顯得前面的人太好了，就是活得太寂寞了，無所事事，只能在回憶裡過日子。（張愛玲《半生緣》）

❸ 人在回憶中徘徊，也在裡面撲空。（三毛《親愛的三毛》）

❹ 如果連回憶都忘了，那麼過去還剩下什麼？（幾米《照相本子》）

〜 推薦閱讀書籍 〜

❶ 夏昆：《最美的國文課【宋詞】》（野人文化）。

❷ 泰戈爾：《生如夏花：泰戈爾新月集＆漂鳥集》（野人文化）。

❸ 泰戈爾：《吉檀迦利》（海鴿）。

❹ 蔣勳：《孤獨六講》（聯合文學）。

❺ 張愛玲：《流言》（皇冠）。

〜 推薦影片 〜

❶ 歐麗娟：
孤獨的多棱鏡

❷ 泰戈爾詩作真偽
難辨，背後不為
人知的故事

❸ 李榮浩：
《歌謠》

寫作示範

∞ 惦記 ∞

臺北市立建國高中　陳泓睿

秋意漸濃，天氣涼了起來，我站在那熟悉的街口，心中感觸良深。婆婆臉龐微微皺起的那抹笑，清清楚楚地浮現在記憶的一隅，似乎，過去的事總使人無法忘懷。

婆婆，平常為我所居住的公寓打掃環境和維持整潔，生活似乎有些艱苦；衣物，甚至於腳上開口笑的鞋，在這幾年間從未看她換過新的。看著婆婆拖著三輪車佝僂而緩行的模樣，心中不免心疼憐憫，卻也未曾多加留意。可就在那天，一個清爽的秋日午後，我在家附近的街口瞥見了婆婆的背影，只見她將一個用白色紙盒裝著的便當，輕輕放在一位熟睡遊民的身前，而婆婆歷經滄桑的面容，露出了銘刻在我腦海中，那溫暖如朝陽的無私笑顏。

回憶起婆婆的善舉，我感到羞愧萬分。不甚富裕的她，仍胸懷同理地對人伸出援手，博愛的情操徹底改變了我對善的態度。颯爽的風撫過我雙頰，如今，婆婆那溫暖的臉孔，我如座右銘般時時掛在心頭：善，無關於自身擁有多少能力，應是關於願為他人付出多少──這成了我現今最大的信條。倏忽即逝的渺小善舉，隨著時間向昨日流去，但我惦記著回憶中那微微一笑，只願憑著如此回憶，我能創造出更多的、溫暖的面容。

婆婆上個月過世了，可她的善念並沒有成為過往，而是存在我腦海深處。惦記著，使我更加確信了，善不會消失，它們只是化作了更衰廣的存在，影響著世間生命。（523字）

∽ 賞析 ∽

　　本文是一篇深刻的記事散文，藉由觀察開展出對博愛精神的惦念。

　　文章首段運用情景入題，以漸涼秋意引出溫暖微笑，除了有幫襯的效果外，還有效引出了作者無法忘懷的故事，銜接手法十分流暢。隨後，二段藉由對婆婆的工作、穿著、姿態勾勒出了她貧困、年老、退化的處境，卻在這樣的狀態付出微薄卻偉大的奉獻。作者的眼光最終聚焦在婆婆的笑顏，不但呼應了首段，亦有承上啟下的作用。

　　敘述完二段的場景後，作者於三段回頭反思，咀嚼婆婆笑容能待在記憶的重要原因，即她不論能力皆願奉獻的博愛精神。這也使作者自願追隨婆婆的精神，創造出更大的良善。文末，以精神的永續作為存在的證明，將文章帶出新的境界。

　　綜觀全文，採用了「景、事、感、悟」的書寫模式推動情節的發展，以秋意襯托溫暖、以窮苦襯托善舉的手法彰顯婆婆的精神，是值得學習的書寫方法。

4
冷眼
開發書寫角度，
切換視角，

5
離愁
創造書寫架構。
用時間軸

6
曠達
寫出境界，
由淺入深，

問題（二）
詳解

思考步驟 1 選擇書寫方向

a.以「消極的宿命」為方向書寫

對於福克納而言，曾發生過的事物之所以不會離去，是因為它深深地影響著我們此刻的所作所為。記憶是想抹去卻不可得的，它禁錮著人的當下，使人無法自由。我們在書寫時，可以此回應題目，寫作方向大至遭受霸凌、暴力、家變，小至自己犯錯、懊悔等心態，均可作為書寫的方向。

b.以「積極的宿命」為方向書寫

人也可以選擇將回憶作為成長的基礎，將宿命的存在做為人生的重要支柱。以此方向書寫，可以選擇一些特殊的經驗，例如：至親之人的鼓勵、某位師長或名人的典範、大難不死的體驗。

c.以「探索本質」為方向書寫

以「透過惦記而不再惦記」為書寫方向則更為宏觀。由過去的一段經驗，觸發自己找到生命最本質的追求：「得到快樂」，於是在當下盡心盡力，努力扮演好自己的角色，則立意層次可更為高深。

思考步驟 2 從時間線發想書寫架構

該如何呈現「惦記」的心路歷程呢？我們可以運用「悲傷五階段」（The Five Stages of Grief）❷的模型來決定我們書寫的進路（見下頁圖）。

---

❷ Kubler-Ross, E. On Death and Dying (1973), Routledge. 美籍瑞士裔精神科醫師庫伯勒－羅斯 (Elisabeth Kübler-Ross, 1926～2004) 所提出的「悲傷五階段」

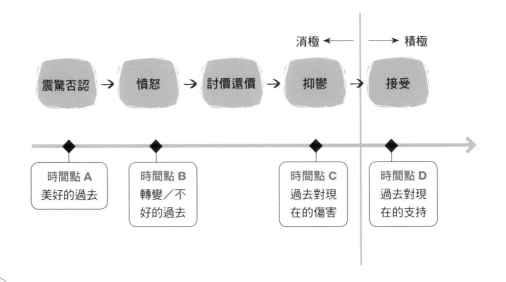

運用這個模型，我們可以發想出 6 種書寫方向：

a.「消極宿命」的心路歷程書寫

書寫架構1：時間點 A →時間點 B →時間點 C

書寫時應放大、渲染由美好轉為痛苦的落差，並敘述痛苦階段的各種深刻體驗，最後描述過去對現在的傷害，剖析自己為何至今仍無法解脫。

書寫架構2：時間點 B →時間點 C

書寫起點不一定要從美好的過往開始，也可以如李煜〈相見歡〉、泰戈爾〈離愁〉一般，從轉變後的事物、心境開始書寫。這種寫法的特色是在文章開頭，就開門見山地帶出負面的情緒。選擇此結構的書寫重點在「渲染」，應放大書寫對往日快樂不可得的痛苦情緒，方更顯深刻。

書寫架構3：時間點 C →（時間點 A）→時間點 B →時間點 C

除了上述兩種順序結構外，我們可以「倒敘」的技法加強文章的吸引力。這種架構要先寫此刻的悲痛，再回顧過去經歷，逐步推回此刻的傷害以呼應開頭。

b.「積極宿命」的心路歷程書寫

書寫架構 4：時間點 A → 時間點 B → 時間點 D

「積極宿命」的重點在於最後能將痛苦的經驗，轉化成積極的力量，我們可以強調挫折教會自己哪些事。此結構書寫重點在「心境進化」，強調遭遇過挫折的自己更有能力面對未來。

書寫架構 5：時間點 B → 時間點 D

同樣是積極意義，我們可以選擇強調負面經驗與心態轉換後的對比。下筆時應重新審視當年負面經驗的正面性，便能為此經驗帶出積極意義。

書寫架構 6：時間點 D →（時間點 A）→ 時間點 B → 時間點 D

積極意義的宿命也可以倒敘的手法書寫，先將此刻的正面心態呈現，再書寫自己如何藉由過去的負面經驗逐步轉變心態，最終回到此刻。

思考步驟 3 深化論述

在文章末尾，我們要思考如何深化文章、拓展格局。我們可以由以下兩點加深立意。

a.沉湎情緒，自我開脫

在體驗強烈痛苦的過程中，我們可能會尋求一些解釋來自我安慰，就像李煜明明深陷離愁，卻要說「別是一番滋味在心頭」。寫作時，我們也可以為自己的情緒找個解釋、自我開脫，這樣理智與情緒衝突的狀態，也是一種加深文章的方法。

b.賦予痛苦價值

我們可以主張記憶也是一種力量，是一種跨越時空的存在。正如動畫

電影《腦筋急轉彎》、《可可夜總會》中所揭示的，死亡不是最後的終結，遺忘才是，記憶讓過去能夠存續、驅動人們前行。

❦ 結論 ❦

「惦記」的重點在於「惦」，也就是縈懷、記掛的心理。福克納所言「過去甚至不會過去」，意即過往發生的事件至今仍會發生影響。然而，這種影響的作用的意義究竟是消極的還是積極的，必須由我們賦予。寫作時，應先思考自己要寫的是記憶的哀愁淒美還是開創進取的一面，並且應多加強調「今昔情境對比」和「心理轉折」，方能臻於上品之作。

❦ 寫作祕笈・情意招式 5 ❦

用時間軸創造書寫架構

一個事件的發展歷程是線性的，但在寫作時，我們卻可以將時間序進行調整，以此作為文章的架構，將一個事件擴張為 6 種書寫結構，同時藉此達到吸引讀者的效果。

對於寫作手法而言，只要故事精彩，單純順敘並無不可，但若故事平直，不妨加入些倒敘、插敘的手法，文章能更為出色。

泰戈爾作品原文

Sorrow of Separation

Tagore

It is the pang of separation that spreads throughout the world and gives birth to shapes innumerable in the infinite sky.

It is this sorrow of separation that gazes in silence all nights from star to star and becomes lyric among rustling leaves in rainy darkness of July.

It is this overspreading pain that deepens into loves and desires, into sufferings and joy in human homes; and this it is that ever melts and flows in songs through my poet's heart.

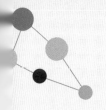

情意概念 **6**

曠達

（蘇軾〈定風波〉）

難易度／★★★★★★★

　　世事無常，萬事萬物不斷在變化，但都遵守著「生起、維持、衰敗、滅亡」的定律。可惜的是，絕大多數人無法認識這樣的定律，希望快樂、財富能無止境地延續，反而招致挫敗與悲傷。相對地，有少數人能從挫敗中學習，領悟生命的定律，對人生開展出更為宏觀的認識。

　　接下來，我們將透過蘇軾的〈定風波〉，看看他如何展現曠達的人生境界，並學習、模仿他「由淺入深」的寫作技巧。

甲

　　三月七日，沙湖道中遇雨。雨具先去，同行皆狼狽，余獨不覺，已而遂晴，故作此。

　　莫聽穿林打葉聲，何妨吟嘯且徐行。竹杖芒鞋輕勝馬，誰怕？一簑煙雨任平生。料峭春風吹酒醒，微冷，山頭斜照卻相迎。回首向來蕭瑟處，歸去，也無風雨也無晴。（蘇軾〈定風波〉）

乙

　　王國維《人間詞話》：「東坡之詞曠。」

丙

　　鄭騫〈漫談蘇辛異同〉：「曠者，能擺脫之謂，……能擺脫故能瀟灑，……胸襟曠達的人，遇事總是從窄往寬裏想，寫起文學作品來也是如此。」

　　閱讀甲、乙、丙三文，請分項回答以下問題。

　　問題（一）：根據教育部《重編國語辭典修訂本》所載，「曠」字作為形容詞時，在空間上的意義為「寬廣、空闊」；在心態上的意義為「開朗、豁達」。試以此結合王國維、鄭騫之語，分析〈定風波〉中所傳達之「曠」意。文長限120字以內（至多6行）。（占7分）

　　問題（二）：余秋雨《山居筆記・蘇東坡突圍》中說道：「成熟是一種明亮而不刺眼的光輝，一種圓潤而不膩耳的聲響，一種不再需要對別人察言觀色的從容，一種終於停止向周圍申訴求告的大氣，一種不理會喧鬧的微笑，一種洗刷了偏激的淡漠，一種無需聲張的厚實，一種並不陡峭的高度。」❶天縱英才如蘇東坡，

---

❶　引自余秋雨：《山居筆記》（臺北：爾雅出版社有限公司，1995年）。

4
冷眼
開發書寫角度。
切換視角，

5
離愁
創造書寫架構。
用時間軸

6
曠達
寫出境界，
由淺入深。

也難免遭遇人生的挫折，但他卻能藉此形成更為圓潤的處世智慧。請以「**走向完滿**」為題，寫一篇文章，描述你的經驗，並抒發心中的感受與領會。（占 18 分）

迅速組織文章

解題關鍵 本題所問蘇軾的「曠」，是由王國維所提出，而「曠」的含意則由鄭騫解釋。分析時，要能具體說明蘇軾「擺脫」了什麼、表現出哪方面的「寬闊」，這樣才能完整解釋蘇東坡的「曠」意。

a. 思維地圖

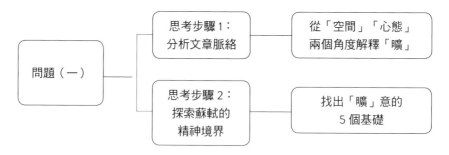

b. 篇幅結構搭建

　　答題時，我們應該先從外在環境變化下筆，再寫出蘇軾對應的種種反應，以此作為解說「曠」意的根據。其中，「曠」的意義包含5個要素（見p.219詳解說明），一般考生很難完整回答，若能充分敘述，則文章更易出線。

問題（一）
寫作示範

範例一

我認為王國維在《人間詞話》中所提蘇軾之詞「曠」之意❶為心境❷上的開闊、豁達，不再受世俗喜怒哀樂所影響，就算是遇上突如其來的大雨，又何必為此狼狽、匆忙躲避呢？（76字）

　　待加強

評語：本文的回答稍嫌粗淺而浮泛，不夠精確。首先，蘇軾遇雨是事實，但詞中的「雨」更象徵了人生的頓挫。再者，「曠」之含意並非僅限於被動地「不受世俗喜怒哀樂」影響，蘇軾所展現之「曠」更能積極地面對風雨。因此本文分析之格局既不夠深入，也不夠寬廣。

問題語句❶ 答題時應盡量避免重複題幹或引文內容，避免占去過多篇幅。

問題語句❷ 本題不是就「空間」或「心境」進行選擇，而是必須結合二者進行回答，此處顯示出對題意的誤解。

範例二

「曠」之解釋為空間廣泛之意，在文中是以「穿林打葉聲」、「煙雨」來營造空間之感，而「吟嘯且徐行」、「山頭斜照」、「也無風雨也無情」則傳達了心境上的開朗、豁達的精神。（81字）

　　中等

評語：本文的回答動機良好，企圖透過空間狀態的轉換，寫出蘇軾所對應的心態。可惜未能明確解釋出「曠」的意涵。應直接就自己的理解分析，避免引用過多原文，更能呈現重點。

範例三

從環境和心境兩者解釋，大雨裡同行者皆狼狽，從「不覺」和「莫聽」中可知蘇軾的定力與自信。「任平生」和「卻相迎」中表達了蘇軾遇雨又何妨的豁達。在最後兩句中，他表達了他心中的曠意——不避苦難、禁得起挫折，不求平安、不計得失的生活態度，從窄往寬想的「曠」。（124字，臺北市立大同高中　楊紫鈞）

佳作

評語：本文首句切入點極佳，次句則同時揭示了環境的大雨及同行者的情狀，再引出蘇軾對應環境、他人的豁達。雖然囿於字數限制，未能明白說明「從窄往寬想」的意義，但仍然提出了「曠」的諸種意涵，甚為完整。

範例四

這闋詞的「曠」展現在蘇軾遇雨後的心境。蘇軾由一場大雨想到了自己人生中的風雨，卻依然能維持定力不畏困難、積極面對，他自信而知足，了知萬事無常。最終他對這場雨及人生的挫折展現了「憂樂兩忘」的不執著境界，這就是「也無風雨也無情」由窄而寬的「曠」意。（121字）

佳作

評語：本文有層次地分析了「曠」的基礎，首句便表明了題幹環境與心理的暗示，結合二者進行分析。接著將「定力」、「積極面對」、「知足自信」、「由窄見寬」、「了知無常」扼要提出，層層導出「憂樂兩忘」的真實情懷，在規定篇幅內無贅字，嚴密精確。

詳解

思考步驟 1　分析文章脈絡，找出空間對心態的影響

　　在深刻了解這闋詞中的曠意前，必須先理解形成「曠」意的過程。我們可以透過外在環境對於人們心態的逐步影響，理解蘇軾精神境界的形成過程。根據下圖，由這闋詞可以觀察出「他人」與「我」（蘇軾）心中的「情」不同之處：❷

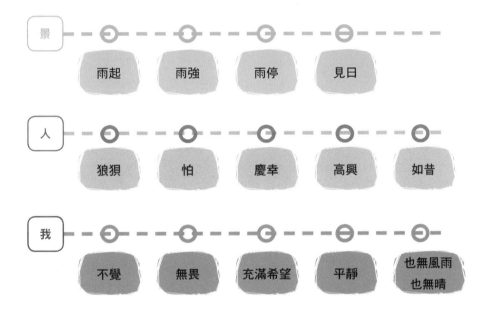

---

❷　〈定風波〉僅於詞序提到他人之「狼狽」，其餘部分（即灰底部分）則是本書作者以常情推論。

a. 雨起，同行者狼狽 vs 蘇軾不覺

在序文中，蘇軾記錄了寫下這闋詞的背景：

- 三月七日，沙湖道中遇雨。雨具先去，同行皆狼狽，余獨不覺，已而遂晴，故作此。

蘇軾記錄事件：自己前往沙湖的途中遇到了一場雨，遇雨後，蘇軾藉由與同行者之間的不同反應，開展書寫自己的心路歷程。此處同時寫了「景、他人、我」三項元素，此後漸漸進入自心的感受與思考中。

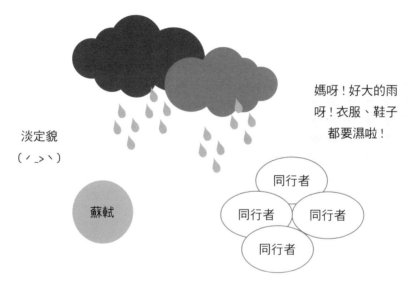

媽呀！好大的雨呀！衣服、鞋子都要濕啦！

淡定貌

（ ↗_↘ ）

蘇軾

同行者
同行者　同行者
同行者

遇雨，同行皆狼狽，余獨不覺。

b. 雨強，同行者害怕 vs 蘇軾無畏

詩詞的開頭，著重於外在情景的變化、外在條件的不足所引發出自己心中的感受與採取的行動，「他人」的元素之後便不再出現詞中（請見下頁詞句）。

- 莫聽穿林打葉聲，何妨吟嘯且徐行。竹杖芒鞋輕勝馬，誰怕？一簑煙雨任平生。

蘇軾能歌唱、緩步前行，足見他無畏於風雨，而蘇軾雖然未寫出他人反應，我們亦不難猜出他人畏於風雨的狀態。

c.雨停，同行者慶幸 vs 蘇軾充滿希望

隨著風雨漸歇，我們可以推測同行者終於結束了狼狽的遭遇，慶幸這一切的過去：

- 料峭春風吹酒醒，微冷，山頭斜照卻相迎。

蘇軾因為一路自勵向前，並不在意風雨，見到山頭斜照便像見到希望一般，心中興起了溫暖的感受。

d.見日，同行者高興 vs 蘇軾平靜

詩詞最末段，蘇軾見日之後，自己的心境也逐漸平靜，回頭看去的風景亦如此刻自己的心境，無風雨、無晴（情）：

- 回首向來蕭瑟處，歸去，也無風雨也無晴。

這樣的書寫，最終將情與景熔於一爐，除了呈現了其與天地結合的境界，亦顯示了高超的藝術手法。

思考步驟2 找出曠意基礎，探索蘇軾的精神境界

「曠」是一種精神境界，這種境界往往無法直接以語言文字表達，而

是透過一個人的行動、言語反推其背後的所思所想。因此，我們必須找到達成「曠」的幾個基礎，才能完整地分析「曠」的真實意涵，分析如下。

a.基礎1：定力

由序文可以看出「曠」的第一個基礎：定力。首句「穿林打葉聲」，可知一行人所遇到的，是一場又急又大的驟雨。同樣是一場大雨，蘇軾冷靜，他人慌張。

蘇軾感知到了慌亂，卻能「止」住慌亂的行動和驚慌的心，這就是他展現出的「定力」。

b.基礎2：積極面對

蘇軾止住了行動與心緒後，若只是任由風吹雨打，雖不慌亂，卻不免有些「麻木」。因此，他對這場大雨有了新的回應：「吟嘯且徐行」。

在風強雨驟的時候還能夠緩步行走、吟詩，說明面對外在的風雨，他不但不驚惶，還能夠自在地走入風景中，**顯示出不管境遇如何，蘇軾依然積極面對、從容做自己。**

c.基礎3：知足自信

「竹杖芒鞋輕勝馬」可以看出「曠」的第三個基礎：知足自信。騎馬當然速度很快，但僅有竹杖、芒鞋已足夠，甚至更為輕便。蘇軾認為物質條件不是重點，比起高遠的目標，更重要的是知道自己此刻擁有什麼。

這就是一種「知足」，**即使自己的條件並非最理想，但不以此自卑自抑，相信自身的力量能夠帶自己走過一場場風雨**，這也是真實的「自信」。

d.基礎4：由窄處往寬處想

「任平生」是整闋詞中一個重要的翻轉，也是象徵蘇軾能從「窄處」往「寬處」想的豁達表現：〈定風波〉作於宋神宗五年（1082），適為「烏臺詩案」❸發生的第三年。「一簑煙雨任平生」所談的不止遇上這場雨的心境，更是蘇軾經歷過這場重大事件後，將悲憤、傷痛的情緒轉化為淳厚、

4
冷眼
切換視角，
開發書寫角度

5
雜憶
用時間軸
創造書寫架構，

6
曠達
由淺入深，
寫出境界。

積極態度的過程，象徵內心更為深邃的境界。

e.基礎5：了知人生無常

「料峭春風吹酒醒，微冷，山頭斜照卻相迎」從中可以看出「曠」的第五個基礎：了知無常。至此，蘇軾將書寫從對自己的了解、知足、自信，拓展到了對於「無常」、「循環」宇宙律則的深刻認知。世事是無常的，不會有永遠的悲與喜，因此，此刻的微冷不需掛懷，前方便有溫暖的陽光在等著。這種深刻了解，使他既不會耽溺於悲傷中，也不會執著於快樂裡。

f.蘇軾「曠達」的終極意義：憂樂兩忘真曠達

「回首向來蕭瑟處，歸去，也無風雨也無晴」從中可以看出「曠」的意義：憂樂兩忘。「晴」字在此雙關「情」字，表示在心中已無風雨、無情緒。這種無情是一種超脫的情感，外在境遇變化已無干擾。蘇軾的境界，則是將苦痛與喜樂都放下，挫折無法使他放棄，歡樂也無法使他停下腳步。這種「憂樂兩忘」的境界，就是「曠」。

由以上分析可知，蘇軾的「曠」，是由 5 個基礎而達成的境界：

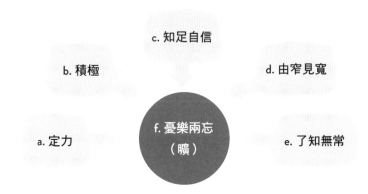

---

❸ 烏臺詩案：蘇軾從仕適逢王安石變法，朝廷分為革新與守舊二派，鬥爭嚴重。蘇軾站在守舊一派，以其優越的文字能力，多次譏諷革新派的作為，引起妒恨。宋神宗元豐二年（1079），蘇軾調任湖州，例行上書，其後卻遭監察御史何臣正彈劾，隨後下獄接受漫長的調查，直至十二月，方因王安石、太皇太后曹氏等力勸神宗而獲釋，蘇軾遭貶至黃州。

結論

蘇軾由一場大雨（窄處）見到了人生挫折（寬處），最終體會到了「憂樂兩忘」的「曠意」（更寬處）。回答中須明確指「不執著於憂、樂」即為「曠」意，並分析出文中「曠」意的五個基礎：定力、積極、知足自信、由窄見寬、了知無常。

寫作祕笈・情意招式 6

由淺入深，寫出境界

蘇軾在〈定風波〉詞中展現出的書寫進路，是由表面的共同經驗走向深刻的個人體會，我們可以在寫作時多多效法這種書寫主軸。

我們碰到這種「體會」型的題目，最好的方式還是透過生命的挫折、經驗去思考、提升文章深度，但生命經驗不足，不妨從其他人物、事件著手，思考還有哪些深刻的精神價值，以此價值作為目標，為其鋪墊達成的進路。

開發書寫角度，切換視角。

聯想，創造書寫架構，用時間軸。

6
曠達

寫出境界，由淺入深。

迅速組織文章

解題關鍵 題幹引文已由多重角度闡述成熟之人的精神狀態，答題時應明確寫出自己從「不成熟」、「轉換過程」走向「成熟」的過程，最重要的是寫出觸發自己改變的事件，並呈現對此一過程的領悟。我們可由「不成熟」、「做自己」、「找到分際」等三階段作為立意的基礎，呈現由低到高的層次變化。

a. 思維地圖

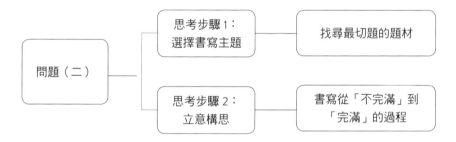

b. 篇幅結構搭建

第一段	以「成長」或「成熟」破題，以充分回應題意。
第二段	描寫事件，寫出自己不成熟的表現。
第三段	書寫使自己反省、沉澱的觸發點，回頭檢討自己的表現。
第四段	呈現自己經過反思後的新行動或態度，並可以他人的正面反應作為襯托。
第五段	感受與體悟，寫出這段經驗的意義。

　　４
　　冷眼
　　開發書寫角度
　　切換視角，

　　５
　　離愁
　　創造書寫架構，
　　用時間軸

　　６
　　曠達
　　寫出境界，
　　由淺入深，。

❧ 名言佳句運用 ❧

❶ 知人者智，自知者明。（《道德經》）

❷ 生命不是要超越別人，而是要自我成長，超越自己。（俗諺）

❸ 真正成長的意義，是修為的領悟，是智慧的開啟。（俗諺）

❹ 人須有自信之能力，當從自己的良心上確定是非，不可以眾人之是非為從違。（章太炎）

❺ 知足的人永遠不會窮，不知足的人永遠不會富。（盧梭）

❧ 推薦閱讀書籍 ❧

❶ 林語堂：《蘇東坡傳》（風雲時代出版公司）。

❷ 康震：《康震講蘇東坡》（中華書局）。

❸ 葉嘉瑩：《葉嘉瑩說唐宋詞套書》（大塊文化）。

❹ 武志紅：《巨嬰國》（浙江人民出版社）。

❧ 推薦影片 ❧

❶ 品讀馮友蘭《人生的境界》

❷ 說書人 #3，巨嬰國，大多數人還在找媽媽

❸ 電影《一代宗師》（王家衛導演，銀都機構有限公司出品）

寫作示範

走向完滿

臺北市立大同高中　邱繼禾

時光是最殘忍的兇手，在我還未明白前，便毫不留情地在我的心靈留下一道斷簡殘篇般的沙痕，那痕便是我在人際互動中留下缺乏的遺憾。

一直以來，面對人群往往是我在人生這道課題上，最難解開的算式。在人際之間的應對進退、加減乘除中，我遇到了許許多多的不足，像是在遇到談得來的人時，我不能及時將他「加」在我的心中；而遇到難以面對的人，我卻在猶豫該不該將他從我的關係中「減」去。

在我如愁雲慘霧般苦惱時，心靈諮商師——除法教我如何改變：面對無法相知的彼此，將這段關係除去又何妨呢？我這才發現自己過去竟是用錯公式，還反覆地代入驗證，這樣的答案永遠不合、關係也永遠不會和諧啊！因此，在學習如何面對後，我開始嘗試解題，接著發現，原來在自己真正需要陪伴時，對我身邊的人應加倍感恩，再「乘」上無限的愛。另外，在另一個算式上套上自己最敬愛的老師——除法後，了解自己原來不需要把時間浪費在互質的數字上，應該直接「除」去！

我逐步解題，一點一滴地，我了解了如何體會在人際間漫遊的機會。這新鮮的感覺使我覺得陌生又愉悅，因為長久以來不斷壓抑自己、不敢使用消除的方式迎向人群，讓我第一次領悟到身為人的閒適、舒暢。

在最後一個算式解開前，我已了解自己不再缺乏加減乘除的

人際互動手段了，接著要達成完滿這人生最完美的階段，我認為
必須在這之後再學習一個公式——調整自己的人際互動平衡點。
如此一來，在山頭斜照時也能一同嚐到完滿的滋味，正是一種由
窄至寬的解題技巧呢！（603字）

❧ 賞析 ❧

　　本文採用逐步累積的方式，將自己的不成熟圓滑地推向完滿的階段，
巧用了「加減乘除」的比喻生命境遇的沉重，轉化為趣味的方式呈現，處
理的手法頗具新意！此外，文末呼應了蘇軾詞的境地與精神，用心頗深。

　　文章首段即點出了自己的不成熟之處，說明在歲月流逝之中所累積的
挫折，以此入題，充分切合了題旨。二段起，巧妙運用數學中的四則運算，
藉以討論人際關係，頗為精彩。此段揭露在人際相處中所遭遇的困難——
加減法的拿捏，也就是拙於分辨人際之間的界線。這樣的心理負擔，直到
作者明白了更複雜的運算規則後方得以解脫。

　　第三段所談的乘與除，指的是應拉大對待人的差距，加倍地感恩、愛
身邊的人，而對於無法走入自己生命的人，則予以祝福並離開。第四段則
延續這種「除去」的力量，敢於承擔對他人的喜惡、勇於建立起人際界線。
能夠如此真正地做自己，自然不必再壓抑，體會心理的閒適與舒暢，感受
一份完成自己的完滿。

　　末段則拓展了格局，認真看待自己與他人之間相處的平衡點，不勉強
彼此，將人生的境界活得更為寬廣！

4 冷眼
開發書寫角度，
切換視角。

5 離形
創造書寫架構，
用時間軸。

6 曠達
寫出境界，
由淺入深。

問題（二）
詳解

思考步驟 1　選擇書寫題材

　　題幹引文主要闡述人際相處之間的成熟，以此書寫方更能切合題目的暗示，以下提供兩種得分程度的寫作題材：

a.最能取分的題材

　　「完滿」是一種「更為成熟的人生」，適合舉出以下較為深刻的經驗，例如：曾經與朋友、老師、家長等人際關係的衝突與矛盾、對於夢想的輕視與放棄、面對事物的傲慢與不屑。

　　注意不要忽略**觸發**轉變的過程，可以利用書本中的一段文字、一句話、一段電影情節、途經的風景作為**觸發**，便能避免文章轉折過於突兀。

b.不易取分的題材

　　若將題材限制在題目的物質表層而書寫如何由窮困到富足，即使文字手法高超，亦難以出眾。

思考步驟 2　書寫「不完滿」到「完滿」的過程

　　本題希望看到寫作者從一個相對無知的狀態，達到更為成熟的境界，因此，**明確闡述「不完滿」狀態及「完滿」狀態的內涵，就是解題重點。**要呈現心理成長，我們可以結合題幹中余秋雨先生的話語，與中國心理諮商師武志紅《巨嬰國》一書中的心理成長歷程，設計寫作結構（見下頁圖）。

不完滿階段

不成熟：
共生
全能自戀
偏執分裂

學習階段

逐步成長：
做自己

完滿階段

成熟：
明亮而不刺眼
的光輝

a.首先，敘述自己「不完滿」時的心理狀態與表現

參考上圖來書寫時，可以先呈現自己的不成熟，比如自私、無法為別人著想、無法發揮同理心等心理，並明確寫出在這種心理狀態影響之下，自己的做法是如何造成他人的不便。

「不完滿階段」的三種狀態均可作為書寫起點：「共生」意味著無法離開另一人的懷抱，一切責任都應當由另一人負責，可以呈現自己不願負責、推諉於人的心態與具體表現。「全能自戀」意味著世界圍繞著自己打轉，可呈現自己的驕傲心態與表現。「偏執分裂」則指的是二元的極端思考，非黑即白、非善即惡，亦缺乏全觀視野，無法接受他人意見。

b.接著，敘述轉變的契機及過程

在寫出自己的不成熟後，接著便要寫出轉化的契機，可能是遭受挫折，或是得到他人的勸告、訓斥，也可以是從書籍、電影、網路上讀到了一句話的啟發。

逐漸成熟的關鍵就是要做自己，亦即靠自己的感受做選擇，而非人云亦云，同時要擔起結果與責任。例如蘇軾即使知道前途艱辛，依然選擇行走在雨中。勇敢地做自己，便是逐漸擺脫不成熟階段，因此，要寫出如何在行動中建立起真正的自信，不再依賴他人而活。

c.最後，寫下真正成熟的狀態

　　文末的體會，可由自己的覺察、理解來對應從前狹隘的視野，並藉以書寫人生的意義：自覺與理解的深度與廣度，可以帶人走向更為深邃的境界。成熟之所以「是一種明亮而不刺眼的光輝」，是因為眼光逐漸看見的不止自己，而能體察自己在社會中的角色、看清人際之間的分際，找到既能完成自己，又能協助整體前進的道路。

❧ 結論 ❧

　　成熟的人必須經歷以下兩個歷程：不成熟的嬰兒期、逐步成長做自己，最終才能成熟地掌握人際間的分際。我們可以寫下自己從「不完滿階段」中蛻變得到的領悟，以及走入相對「完滿階段」的成長過程。若能呈現自己如何在群體之間找到平衡，文章便能更深入、更切題。

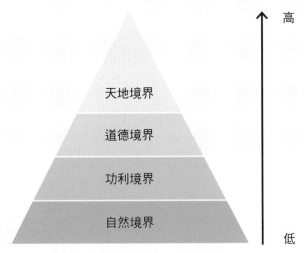

思辨補給站

「人生境界」的另一種詮釋角度

在這一個概念中，我們反覆提到了「境界」，究竟什麼是人生的境界呢？簡單來說，人生有不同層次層次，層次是一種**思考的高度**，或是能夠體悟到的**心境深度**分別。不同的人做相同的事，會因為各人自覺、理解能力的不同，境界也有所不同。

中國哲學大師馮友蘭教授（1895~1990）曾對於人生的境界有所闡釋，將人生的境界分為以下四層：

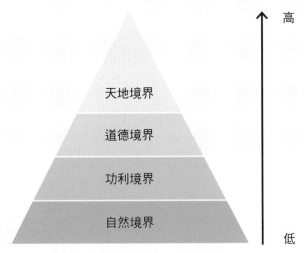

高

天地境界

道德境界

功利境界

自然境界

低

圖：馮友蘭教授提出之人生四境界

a. 自然境界

這是最底層的境界，處於「自然境界」的人只是順著本能或隨著社會規範生活，不自覺也不理解自己的狀態，所做之事對自己並無太大意義。

b. 功利境界

往上一層，處於「功利境界」的人，由於自覺、理解到自己的存在，因此為自己做各種事情。要注意的是，這種「自利」並不意味著不道德，

慈善、公益之事，仍可能是以「自利」為出發點。

c. 道德境界

　　位於第三層「道德境界」的人，奠基於更大的覺察與理解，不止認知到自己的存在，更認知到自己是社會中的一員。所做的一切均是為了增進社會整體的利益，並且行為符合道德意義。

d. 天地境界

　　達到最高層級「天地境界」的人，不但認知到自我與社會的存在，更認知到自己與社會均是宇宙天地間的一份子，他的所作所為是為了增進宇宙整體的利益，並符合宇宙的法則與意義。

　　馮友蘭教授認為，前兩種境界是大部分的人所處的境界，而後兩種境界則是人應該要達到的境界。處於高低不同境界的關鍵，便在於「自覺與理解」的程度，程度愈深廣，則人生的意義與境界便能達到愈高的層次。

　　以上馮友蘭教授提出的四層人生境界，亦可作為問題（二）的寫作材料，文章可以從最低的境界鋪展到最高的境界，以此撰寫從「不完滿」到「完滿」的過程。

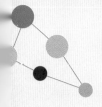

附錄

108 年學測
國寫試題解析

　　糖對身體是有好處的，運動過後或飢餓時，適當地補充糖會讓我們迅速恢復體力。科學研究也發現，大腦細胞的能量來源主要來自葡萄糖，當血糖濃度降低時，大腦難以順利運轉，容易注意力不集中，學習或做事效果不佳。不過，哈佛醫學院等多個研究機構指出，高糖飲食會增加罹患乳癌及憂鬱症等疾病的風險；世界衛生組織也指出，高糖飲食是造成體重過重、第二型糖尿病、蛀牙、心臟病的元兇，並建議每日飲食中「添加糖」的攝取量不宜超過總熱量的 10%。以每日熱量攝取量 2000 大卡為例，也就是 50 公克糖。我國國民健康署於民國 103 年至 106 年的「國民營養健康狀況變遷調查」中，有關國人飲用含糖飲料的結果如圖 1、圖 2 所示。

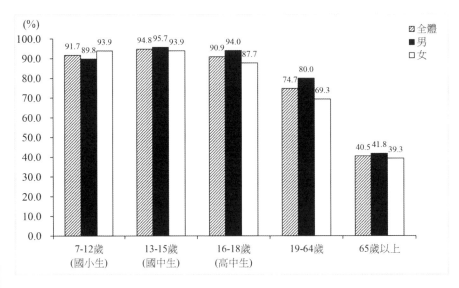

圖 1、國人每週至少喝 1 次含糖飲料之人數百分比

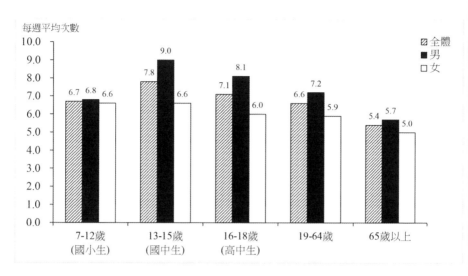

每週平均次數

圖 2、國人每週至少喝 1 次含糖飲料者，其每週平均喝的次數

請分項回答下列問題。

問題（一）：國民健康署若欲針對 18 歲（含）以下的學生進行減糖宣導，請依據圖 1、圖 2 具體說明哪一群體（須註明性別）應列為最優先宣導對象？理由為何？文長限 80 字以內（至多 4 行）。（占 4 分）

問題（二）：讀完以上材料，對於「中、小學校園禁止含糖飲料」，你贊成或反對？請撰寫一篇短文，提出你的看法與論述。文長限 400 字以內（至多 19 行）。（占 21 分）

問題（一）
詳解

　　圖表雖然提供了大量的資訊，但根據題幹的要求，我們可以逐步刪去一些不須解讀的內容，方便我們針對問題進行回答。

1. 題目要求範圍一：18 歲（含）以下 ➡ 請刪除超過 18 歲的數據（請見下圖）。

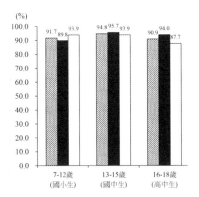

圖 3、18 歲以下國人每週至少喝 1 次含糖飲料之人數百分比

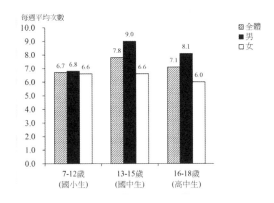

圖 4、18 歲以下國人每週至少喝 1 次含糖飲料者，其每週平均喝的次數

2. 題目要求範圍二：具體說明哪一群體（須註明性別）➡ 請挑選單一性別作答即可。

3. 題目要求範圍三：最優先宣導對象 ➡ 請挑選數字最高者（請見下圖）。

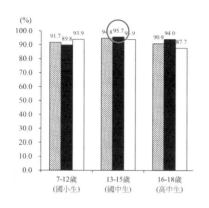

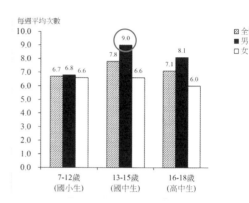

圖 5、18 歲以下國人每週至少
喝 1 次含糖飲料之人數百分比
最高者

圖 6、18 歲以下國人每週至少喝 1 次
含糖飲料者，其每週平均喝的次數
最高者

4.結論

應最優先宣導對象為「13 ～ 15 歲男性」。

5.篇幅結構搭建

題幹要求回答兩點，一為優先宣導禁糖的對象群體為何，二為對其宣導的理由為何。針對前者，應簡短、明確敘述，再以後者分析數字分布，便能完成作答。

6.佳作示範

請掃描 QR Code，參考大學入學考試中心公布之佳作。

佳作一   佳作二

問題（二）
詳解

1.立意方向設定

　　a.題幹明確指明了「贊成」或「反對」兩種立場。由於「禁止含糖飲料」為一具體的措施，並非概念性的辯論，因此必須明確選擇其中一種立場回答，不可含糊。

　　b.表述立場的議論文，首段即應明確指出自己「贊成」或「反對」的立場，全文方有主軸。

　　c.選擇「贊成」禁止含糖飲料者，應由含糖飲料對人體的危害出發論述。本大題前段的引導文字中即有可以運用的材料，宜就此延伸書寫。

　　d.選擇「反對」禁止含糖飲料者，應由「壓抑的後果」、「選擇的自由」作為書寫方向，強調人的選擇才是造成自己不健康的主因。

2.篇幅結構搭建

第一段	總說：明確說明自己的立場（贊成或反對）。
第二段	分說：支持自己立場的理由與例子一。
第三段	分說：支持自己立場的理由與例子二。
第四段	總說：再次強調自己立場的重要性。

3.長文材料構思

　　a.贊成禁止含糖飲料：由圖表中的數字、引文，說明含糖飲料對於人的健康有害，尤其校園中的學生購買最多，足見難以根絕攝取含糖飲料的習慣，故應加以禁止。

　　b.反對禁止含糖飲料：可說明在校園中禁止含糖飲料不代表學生會減少攝取

糖分，尤其過度壓抑甚至可能產生反效果，而造成含糖飲料攝取值的上升。此外，「自由意志」亦是可以書寫的材料，將選擇的權利交給學生、讓學生負責，方是學習成長的重要路途。

4.佳作示範

請掃描 QR Code，參考大學入學考試中心公布之佳作。

佳作一

賞析：本文「贊成」校園禁止含糖飲料，採用「總說—分說—總說」的論述模式。理由能充分支持論點，相當完整。

首段精簡點出自己贊成校園禁糖的立場。二段以「營養均衡」作為論述理由，說明禁絕含糖飲料有助學生更平衡地攝取營養。三段提出第二個理由，即含糖飲料可能致病，禁止含糖飲料能降低患病風險。末段則以題目圖表為據，說明難以中、小學生禁絕頻繁接觸含糖飲料，故需要政策強勢介入。末尾則再次強調自己的立場，以此作結。論述有力，故為佳作。

佳作二

賞析：本文「反對」校園禁止含糖飲料，亦採「總說—分說—總說」之論述模式行文。

首段精簡明確地說明立場後，即以兩個段落分別提出理由支持自己的論點。二段標舉「生理」層面談含糖飲料的益處，並說明含糖飲料的範圍過廣，禁止後可能造成負面影響。三段則由「心理」層面談抑制人的渴望可能造成反效果。末段更進一步拓展格局至提供「過度攝取糖分」的解方，即與其禁絕含糖飲料，不如教育其攝取含糖飲料的優、缺點，尤其自己選擇、負責，培養真正的自制力方為更理想的作法。

綜觀全文的論述層次分明，能明確指出立場，亦能以合理的理由支撐論點，還能拓展格局提出解方，誠為佳作。

甲

　　（陶潛）為彭澤令。不以家累自隨，送一力給其子，書曰：「汝旦夕之費，自給為難。今遣此力，助汝薪水之勞。此亦人子也，可善遇之。」（《南史‧隱逸‧陶潛傳》）

> 力：勞役、人力。
> 旦夕之費：日常的花費。
> 薪水：打柴汲水。

乙

　　飯後，眾人各自有事離去，留下貞觀靜坐桌前欸想。她今日的這番感慨，實是前未曾有的。

　　阿啟伯摘瓜，乃她親眼所見。今早，她突發奇想，陪著外公去巡魚塭，回來時，祖孫二人，都在門口停住了，因為後門虛掩，阿啟伯拿著菜刀，正在棚下摘瓜，並未發覺他們，祖孫二個都閃到門背後。貞觀當時是真愣住了，在那種情況下，是前進呢？抑是後退？她不能很快作選擇。

　　然而這種遲疑也只有幾秒鐘，她一下就被外公拉到門後，正是屏息靜氣時，老人家又帶了她拐出小巷口，走到前街來。

　　貞觀人到了大路上，心下才逐漸明白：外公躲那人的心，竟比那偷瓜的人所做的遮遮掩掩更甚！

　　貞觀以為懂得了外公的心意：他怕阿啟伯當下撞見自己的那種難堪。

　　事實上，他還有另一層深意，貪當然不好，而貧的本身沒有錯。外公不以阿啟伯為不是，是知道他家中十口，有菜就沒飯，有飯就沒菜。（改寫自蕭麗紅《千江有水千江月》）

閱讀甲、乙二文，分項回答下列問題。

問題（一）：請依據甲、乙二文，分別說明陶潛對於人子、外公對於阿啟伯的善意。文長限 120 字以內（至多 6 行）。（占 7 分）

問題（二）：陶潛或者外公對他人的善意，你可能也曾見聞或經歷過，請以「溫暖的心」為題，寫一篇文章，分享你的經驗及體會。（占 18 分）

詳解

1.從行動推測陶潛、外公的心理

　　「善意」是一種抽象的心念，要能完整解讀陶潛、外公的善意，就必須先由他們的行動開始分析，再遞問是什麼樣的心念使他們如此行動。這樣的心念，便是他們的善意。

角色	如何對待	為什麼如此對待
陶潛	• 此 亦 人子也，可善遇之。	「亦」即「也」，是說這個人也是人家的孩子，要好好對待他。 陶潛贈力予子，是因為體諒、愛護自己的小孩，想到勞役也是人子，希望也能體諒、愛護他。 此即「**推己及人**」的同理心。
外公	• 祖孫二個都閃到門背後。 • 她一下就被外公拉到門後，正是屏息靜氣時，老人家又帶了她拐出小巷口，走到前街來。 • 外公躲那人的心，竟比那偷瓜的人所做的遮遮掩掩更甚。 • 他怕阿啟伯當下撞見自己的那種 難堪 。 • 貪當然不好，而 貧 的本身沒有錯。	外公保護阿啟伯顏面的周全、體諒其因為貧困而偷瓜，並非因為貪心而盜取。展現的是將心比心的體貼。 此即「**設身處地**」的同理心。

2.結論

　　具體而言，陶潛與外公的善意，前者是高度的同理心，能夠「推己及人」，後者是照顧他人的周全，待人能夠「設身處地」。

3. 篇幅結構搭建

　　題幹要求回答的內容有兩個方向，一是陶潛對人子的善意為何，一是外公對阿啟伯的善意為何。回答的方式有二，可以平均分配篇幅，分別回答二人所付出的同理心；也可以先以同理心為總綱開頭，再分述二人具體的行動展現。

4. 佳作示範

　　請掃描 QR Code，參考大學入學考試中心公布之佳作。

　　佳作一　　　　佳作二

問題（二）
詳解

1.立意方向設定

　　a.題幹以「善意」作為暗示，「溫暖的心」便可以由「善意」作為發想，設定全文的主軸。

　　b.題幹表明「見聞」或「經歷」均可入題，因此，書寫的取材不一定限於自身的經驗，曾經閱讀過的故事，亦是可以書寫的材料。

　　c.由問題（一）延續至問題（二），「同理心」、「設身處地」、「將心比心」便是可以書寫的方向。

　　d.然而，書寫的內容不限於此，重要的是，須明確指出「溫暖的心」是一種什麼樣的價值（同理心、奉獻、關愛……），文章方更具核心。

2.篇幅結構搭建

第一段	舉出一項價值代表「溫暖的心」。
第二段	以親身經歷或見聞事件書寫展現溫暖的過程。
第三段	進行事件的反思，加深展現溫暖的意義。
第四段	呼應首段，再次強調付出溫暖的重要性。

3.長文材料構思

　　a.家庭：以家庭中成員的彼此關愛、扶持、協助的事件作為書寫內容。

　　b.校園：以同儕之間的相處，衝突化解的事件作為書寫內容。

　　c.社會：以促進社會不同族群和諧所做的奉獻作為書寫內容。

　　d.歷史：以歷史中著名的協助群體融合、寬恕彼此的事件作為書寫內容。

　　e.國際：以寬容態度面對異己的國家、人物及其展現之精神作為書寫內容。

4. 佳作示範

請掃描 QR Code，參考大學入學考試中心公布之佳作。

佳作一

賞析：本文由自身經驗出發，書寫自己與母親對鄰居的關懷，文中更藉由此一歷程拓展格局，書寫「體諒」並非「同情」，而是要能多做一些，周全地照顧對方的生理與心理需求，見解甚是深刻。

　　首段以反面立說，由社會中的陰暗書寫起，藉以凸顯處處需要溫暖的心—暗一明的對比，確實加深了溫暖的必要性，是很好的開頭。二段進入故事的敘說，作者對於老奶奶的形象、背景的描述，更加深了付出溫暖的必要。三段所寫的是對人性的反思與觀察，提出了行動的細緻方是關懷對方的重要關鍵。地位的不平等有損自尊，故需以不同的方式包裝，既協助對方，也顧全了尊嚴。如此的思考，已然超越許多同齡人的思考，是為本文亮點。末段更提醒自己不能忘記這段經驗，要能時時刻刻地對周圍的人付出關心。

　　綜觀全文，由社會的陰暗面，走至對周遭人的關心，再進入更為細緻的陪伴，層層深入了人與人間的交往與互動的溫暖，寫的甚好。

佳作二

賞析：本文由自己的見聞引發自己的感受與思考，逐步書寫溫暖在世界的重要性。文句、修辭頗經鍛鍊，行文規整，在形式上有高度設計。

　　首段以類疊的方式開頭，首段的工筆即將文章格局提升至「生靈」層次，顯見其關懷之寬廣。二、三段則分別舉例說明「善心」的可貴。二段首先舉出德雷莎修女的奉獻，三段舉琦君母親對於他人展現的同理心為例，呼應了全題陶潛、外公的善意。四段總結了前段事例所展現的精神，即協助他人的同時，自己亦能獲得滋養。末段則再次點題，說明展現「溫暖的心」在此刻的社會是如此的重要。

　　綜觀全文，首尾呼應、起首工筆有力、事例列舉深刻，字詞駕馭能力高、運用得當，是一篇內外兼具的好文章。

跋

　　這本書就要結束了，你有什麼感受或是想法嗎？

　　最後，我們想簡單和你分享這本書的書寫歷程。葉思在本書中負責執筆情意題，鄧名敦則執筆知性題。雖然負責的方向不同，但這本書從命題到解析都是由我們兩位共同研發、討論完成的。同時，這些題目與解析我們都在課程中實際操作過，再根據教學過程與學生寫作結果的不足之處加以修正，才完成了這本書。

　　2011 年，葉思成立了 Chinese Knowledge（簡稱 CK）工作室，與鄧名敦及團隊教師設計了以中文為基礎的思辨課程，CK 和一些國、高中及補習班合作開設課程，但由於當時思辨的風氣還不盛行，課程一直被當作課外才藝看待。多年後，總算等到了學測改制。這 8 年的累積，我們已盡可能地在本書中帶給讀者。若有什麼不足的地方，敬請指教、批評。

誌謝

要感謝的人太多了，那就謝天吧！

如果我們只寫這句話，是無法完整表達我們的感謝的！

本書的概念首先是透過課程凝聚的，感謝臺北市立大同高中莊智鈞校長、教務處吳致娟主任、康瀞文組長、李詔琦組長、家長會張沛慈會長、簡世寧前會長、陳興忠委員的邀約與促成，使本書單元能夠在大同高中實踐。

本書曾在選文上碰到困難，感謝廈門創學教育科技有限公司陳依潔總經理為本書專文書寫她的創業歷程，拓展了本書視野。本書亦有部分單元徵求佳作，感謝臺北市立大理高中郭文菁老師、柯佳芸老師、桃園市立桃園高中李欣嚴老師、臺北市立弘道國中吳依瑾老師、泰國中華國際學校中文部鄭育昀老師協助邀約、指導與供稿。本書部分題目翻譯了英文詩文，期間承傅昶順、李敦齊兩位先生指教翻譯問題，衷心感謝。同時，本書部分單元曾有基礎版教材，期間由王一亘、吳冠儀兩位老師協助編纂，特此致謝。

本書最終能在野人文化這樣有理想的公司出版，兩位作者感到十分榮幸。感謝實踐大學音樂系謝孟蕊老師，她以融匯臺灣、西洋音樂史深厚的音樂學素養，給予本書跨領域的建議，也介紹作者群與野人文化相談，雙方理念相合，僅透過一次面談便敲定出版期程。野人文化蔡麗真總編輯、鄭淑慧主編、陳瑾璇副主編在本書寫作過程提供了專業、關鍵的編輯意見，本書能以較初稿更為理想的面貌問世，真的不能沒有野人團隊的專業協助，謹致謝忱。

最後，我們真的要謝天。CK課程在過去8年間持續投入在中文思辨、寫作、口語表達等教學面向，一直到了此刻才遇到與體制相結合的切入點，讓本書能為臺灣教育界盡一份心力。我們不是因為要感謝的人太多，而是時運如此，我們真的要謝天。

野人家 197

思辨式寫作

【新制學測國寫哪有那麼難～～知性題 & 情意題 12 招全破解】
(加贈考前 15 分鐘速成祕笈)

作　　者	葉思、鄧名敦

野人文化股份有限公司

社　　長	張瑩瑩
總 編 輯	蔡麗真
主　　編	鄭淑慧
責任編輯	陳瑾璇
協力編輯	溫智儀
助理編輯	李怡庭
專業校對	魏秋綢
行銷企劃	林麗紅
封面設計	莊謹銘
內頁排版	洪素貞

出　　版	野人文化股份有限公司
發　　行	遠足文化事業股份有限公司（讀書共和國出版集團） 地址：231新北市新店區民權路108-2號9樓 電話：（02）2218-1417　傳真：（02）8667-1065 電子信箱：service@bookrep.com.tw 網址：www.bookrep.com.tw 郵撥帳號：19504465遠足文化事業股份有限公司 客服專線：0800-221-029
法律顧問	華洋法律事務所　蘇文生律師
印　　製	成陽印刷股份有限公司
初版首刷	2019年12月
初版8刷	2024年1月

國家圖書館出版品預行編目資料

思辨式寫作【新制學測國寫哪有那麼難～～知
性題 & 情意題 12 招全破解】(加贈考前 15 分
鐘速成祕笈)／葉思、鄧名敦著 . -- 初版 . -- 新
北市：野人文化出版：遠足文化發行 , 2019.12
　面；　公分
ISBN 978-986-384-402-0(平裝)

1. 漢語教學 2. 作文 3. 寫作法 4. 中等教育

524.313　　　　　　　　　　　108020061

思辨式寫作

線上讀者回函專用 QR CODE，你的
寶貴意見，將是我們進步的最大動力。

野人文化
官方網頁

野人文化
讀者回函

野人文化
讀者回函卡

書　名 _____

姓　名 _____　□女　□男　　年齡 _____

地　址 _____

_____

電　話 _____　手機 _____

Email _____

□同意　□不同意　　收到野人文化新書電子報

學　歷　□國中(含以下)　□高中職　　□大專　　　□研究所以上
職　業　□生產/製造　□金融/商業　□傳播/廣告　□軍警/公務員
　　　　□教育/文化　□旅遊/運輸　□醫療/保健　□仲介/服務
　　　　□學生　　　□自由/家管　□其他

◆你從何處知道此書？
　□書店：名稱 _____　　□網路：名稱 _____
　□量販店：名稱 _____　　□其他 _____

◆你以何種方式購買本書？
　□誠品書店　□誠品網路書店　□金石堂書店　□金石堂網路書店
　□博客來網路書店　□其他 _____

◆你的閱讀習慣：
　□親子教養　□文學　□翻譯小說　□日文小說　□華文小說　□藝術設計
　□人文社科　□自然科學　□商業理財　□宗教哲學　□心理勵志
　□休閒生活（旅遊、瘦身、美容、園藝等）　□手工藝／DIY　□飲食／食譜
　□健康養生　□兩性　□圖文書／漫畫　□其他 _____

◆你對本書的評價：（請填代號，1.非常滿意　2.滿意　3.尚可　4.待改進）
　書名 _____　封面設計 _____　版面編排 _____　印刷 _____　內容 _____
　整體評價 _____

◆你對本書的建議：
_____

_____

_____

_____

野人文化部落格 http://yeren.pixnet.net/blog
野人文化粉絲專頁 http://www.facebook.com/yerenpublish

廣　告　回　函
板橋郵政管理局登記證
板 橋 廣 字 第 143 號

郵資已付　免貼郵票

野人

23141
新北市新店區民權路108-2號9樓
野人文化股份有限公司 收

請沿線撕下對折寄回

野人

書號：ONFL0197